자존감이
높은 아이가
공부도
잘합니다

자존감이
높은 아이가
공부도
잘합니다

18년차 초등 교사가 교실에서 확인한
공부 자존감의 모든 것

자존감이 높은 아이가 공부도 잘합니다

아이들이 부모님께
듣고 싶은 말을 전해드립니다

학교에서 만난 많은 아이들은 다양한 모습으로 저에게 옵니다. 활발한 아이, 기운 없는 아이, 밝은 아이, 어두운 아이, 내성적인 아이, 뾰족한 아이, 겁이 많은 아이, 거침없는 아이 등등이지요. 자녀를 어떤 아이로 키우고 싶은지 한 번 생각해봅시다. 저는 그에 대한 답이 바로 행복한 사람으로 키워주기였습니다. 아이가 공부를 잘하기를 바라는 것도, 건강하기를 바라는 것도 모두 종국에는 아이가 안정된 생활을 하며 행복하게 살기를 바라는 부모의 마음이지 않을까요. 저는 이 책이 부모와 자녀가 모두 행복하게 성장할 수 있는 안내서가 될 거라 생각합니다.

제 직업이 초등학교 교사이다 보니, 아이가 알아서 잘하기를 바라는 부모님들을 많이 만납니다. 그러나 어린아이들이 처음부터 부모가 원하는 대로 척척 알아서 잘할 리 만무합니다. 그러나 내가 원하는 자녀를 갖기는 어렵지만, 원하는 방향으로 인도해줄 수는 있습니다. 혹시 그 인도를 위해서 얼마나 많은 에너지를 쓰고 계신가요? 저는 아이가 아주 어릴 때부터 워킹맘이었기 때문에 자녀에게 들일 에너지가 많지 않았습니다. 그러면서도 신경 써서 기른 집 아이들처럼 모든 방면에서 잘하기를 바랐습니다. 공부는 두말할 것도 없고요.

나 하나 살아가기도 버거운 세상에서 우리 아이들까지 잘 기른다는 건 참 힘든 일입니다. 그러다 에너지를 최소한으로 들이면서도, 아이는 잘 키울 수 있는 방법을 깨달았습니다. 아이를 한 5세까지 키우고 나면 '아잇, 한 살 때는 이렇게 키워주는 건데…. 괜한 짓을 했네' 하는 생각이 들기 마련이고, 10세까지 키우고 나면 5세 때의 일이 넓은 시야로 바라봐집니다. 그런 면에서 워킹맘이자 18년 차 초등 교사인 선배 엄마의 뒤늦은 깨달음을, 그래서 가장 효율적인 길을 찾게 된 선배 엄마의 노하우를 배운다 생각하고 읽어주세요.

★★★

저는 요새 우리 집 아이들의 교육에 힘쓰기보다는 제 할 일을 열심히 즐기고 있습니다. 일을 마치고 집으로 오면, 쓰고 싶은 글을 쓰고, 하고 싶은 운동을 하러 나갑니다. 남편과 둘만의 데이트를 즐기기도 하고, 드러누워 핸드폰도 합니다. 그동안 우리 집 아이들은 알아서 학교 숙제와 학원 숙제를 하고, 다음날 준비물을 챙기고, 독서를 하고, 둘이서 놀다가 잠이 듭니다. 저는 이제 우리 아이들의 일과에 잔소리할 일이 전혀 없습니다. 습관이 되어 자동으로 아이들이 할 일을 잘하거든요. 아이들이 어릴 때 부모가 요령 있게 잘 이끌어 놓으면 앞으로의 긴 시간이 편합니다.

✮ ✮ ✮

책을 시작하기 전에 이런 질문을 드립니다. '내가 원하는 자녀의 모습' 말고, '아이들이 부모님께 듣고 싶은 말'이 무엇일까요?

아이들에게 설문 조사를 한 적이 있습니다. 초등학교 2학년 아이들과 수업하다가 가볍게 해본 질문이었는데, 저 혼자 울컥해서 민망했던 기억이 납니다.

"애들아, 부모님께 듣고 싶은 말을 발표해볼까?"

다양한 답변을 기대했는데, 생각보다 의견이 금방 모아졌습니다. 그래서 아예 손을 들어 순위를 달아보았지요.

1위는 '잘했어', 2위는 '사랑해', 3위는 '고마워'였습니다. 이때 제가 담임을 맡았던 반 아이들과 제 자녀의 나이가 비슷했는데, 이 결과를 보고는 눈물이 고여서 혼났습니다. 아이들은 그저 해맑게 부모님께 듣고 싶은 말을 나누면서 웃고 있었는데, 저 혼자 울었습니다. 아이들이 가장 듣고 싶어 하는 말이 "사랑해"보다도 "잘했어"라니. 아이들이 얼마나 칭찬과 인정을 좋아하는지 다시금 생각하게 된 날이었습니다.

혹시 이와 비슷한 조사가 있었을까 궁금해져서 찾아보았습니다. 실제로 서울시 교육청에서 2,000명을 대상으로 이와 같은 조사를 한 결과가 있었습니다. 이 조사 결과도 1위가 바로 '우리 딸/아들, 정말 잘했어'입니다. 2위는 '항상 사랑한다', 3위는 '넌 지금도 잘하고 있어'입니다. 3위도 1위와 비슷하지 않나요? 이 결과를 보고 우리 부모님들 한번 생각해봅시다. 나는 어제 우리 아이에게 몇 번이나 "정말 잘했어"라는 얘기를 해주었나 하고요. 가정에서 애정을 듬뿍 주고, 칭찬을 많이 해준 아이들은 학교생활도 잘해나갑니다. 이 애정과 칭찬의 말이 아이 자존감의 원천이 되지요.

반에서 이 설문 조사를 했을 때, 아이들은 말했습니다.

"선생님, 우리 엄마한테 제가 이 말을 제일 듣고 싶어 한다고 좀 전해주세요."

제가 직접 말하면 되지 않느냐고 되물었습니다. 그랬더니 아이가 이렇게 대답하더라고요.

"제가 직접 말하는 건 좀 창피하잖아요. 제대로 들어주지도 않을 거고요."

"잘해야 잘한다고 해주지! 우리 아빠는 이럴걸요?"

그래서 제가 반 아이들에게 말했습니다.

"그래 애들아, 선생님이 꼭 전해줄게."

그리고 그 약속을 이제야 지키려 합니다. 그때의 우리 반 학생들뿐만 아니라 모든 아이를 위해 그들의 부모님들께 전하려고요. 그래서 이 책을 쓰기 시작했습니다.

★ ★ ★

제가 전하려는 것은 이 말뿐만이 아닙니다. 18년 동안 교사 생활을 하면서 아이들은 저에게 많은 특급 비밀들을 털어놓았습니다. 학생들은 어릴수록 부모님께 하지 못했던 이야기들을 집 밖에서 거침없이 꺼내놓습니다.

우리 집 자녀들이 저에게 직접 하지 못하는 이야기를 그런 식으로 전해 듣기도 합니다. '아, 이건 나도 반성해야 하는 부분이구나!' 하고 깨닫곤 하죠.

부모와 자녀는 가장 가까운 관계이면서도, 어느 때는 속을 털어놓을 수 없는 관계가 되기도 합니다. 부모님이 걱정할까 봐, 아이가 충격받을까 봐, 실망할까 봐 등의 이유로 말입니다. 그래서 저는 아이들이 저에게 전해준 그 이야기들을, 책에 녹여 부모님들께 전하려 합니다.

'애들아, 너희들이 알려준 특급 비밀, 선생님이 부모님께 꼭 말해 줄게.'

이제, 독자분들도 함께 우리 아이를 위한 책 속 여정을 떠나보실 까요?

_모든 아이들의 행복과 가정의 평안을 기원하며, 김아영

차례

들어가는 말 아이들이 부모님께 듣고 싶은 말을 전해드립니다 ····· **004**

1부 18년차 초등 교사도 육아에서 좌절합니다

공부하면 될 줄 알았던 육아 ····· **015**
육아 때문에 바닥을 친 나의 자존감 ····· **020**
18개월부터 시작된 내 아이의 사교육 ····· **028**
비교하는 말에 흔들리지 않을 자신감 ····· **034**
흰옷 대신 더 사다 놓은 어두운 색의 옷 ····· **039**

2부 자존감에 대해 아이들이 준 수많은 힌트를 알아볼까요

자존감에 늦은 때란 없다 ····· **047**
선생님이니까 잘 키울 것이라는 오해 ····· **052**
학생들에게서 발견한 자존감의 힌트들 ····· **057**
부모는 모르는 아이들의 진짜 마음 ····· **062**
아이들에게 필요한 건 혼자서 애쓰는 시간 ····· **067**

3부 아이의 자존감을 높이는 말은 이렇게 해주세요

믿을 수 있는 어른이 되어야 하는 이유 ····· **075**
잔소리를 잠깐 참고 스스로 깨닫게 하는 법 ····· **081**
말할 준비와 들을 준비 ····· **086**
안정적인 아이로 자라게 하는 울타리 ····· **093**
하얀 거짓말에도 필요한 원칙 ····· **098**
아이가 꼭 알아야 할 세상의 규칙 ····· **103**
밀었다가 당기는 교육 ····· **109**

4부 아이의 공부 자존감은 이렇게 올려주세요

너무 열심히 공부하지 말라는 부모의 말 ····· 119

공부하게 만드는 요령 ····· 125

본격적인 공부 압박은 천천히 ····· 132

아이보다 앞서지 않을 용기 ····· 137

함께 있되 각자의 할 일을 하는 시간 ····· 145

다른 사람의 권위로 아이의 자존감을 올려주는 법 ····· 150

학군지를 현명하게 이용하는 법 ····· 156

5부 아이를 위해 학교와 가정의 양육법에 균형을 잡아주세요

아이를 위해 부모가 해보는 최고의 연기자 미션 ····· 165

아이 마음에 숨겨진 보물 ····· 173

지금 내 아이와 나눠야 할 온기 ····· 182

소소하지만 확실하게 행복해지는 법 ····· 189

아이가 미래의 자기 모습을 떠올리게 하는 법 ····· 194

아이가 정하는 우리 집 규칙 ····· 200

아이 스스로 선택하고 결정할 기회 ····· 206

부록 AI 시대를 생각하는 학부모님들께 드리는 정보

교실의 변화와 문밖의 부모 ····· 213

화상 수업과 온라인 플랫폼 ····· 218

학교 수업에 스며든 AI 도구 ····· 221

AI 교과서가 가져올 변화 ····· 225

AI 시대의 필수 역량과 유망 직업 ····· 230

AI보다 부모가 더 나은 존재인 이유 ····· 238

나가는 말 학부모님들께 ····· 242

18년 차
초등 교사도
육아에서
좌절합니다

공부하면
될 줄 알았던 육아

어느 날 낯선 세계에 아이와 나만 덩그러니 떨어진 느낌이었다. '이제부터 너의 미션은 엄마가 되는 것이니 어디 한번 해보렴' 하는 듯한 세계관 속에 말이다.

스물일곱 살. 요즘 시대로선 너무 어린 나이에 결혼을 했다. 남편과 행복하게 살 기대를 안고 한 결혼이었지만, 육아라는 어마어마한 관문이 기다리고 있을 줄은 꿈에도 몰랐다. 그때까지도 머릿속에 그리던 미래는 이러했다. 토끼 같은 아이들과 남편은 거실에서 하하 호호 뛰놀고, 나는 소파에 앉아 뜨개질하며 그네들을 흐뭇하게 바라본다. 이 얼마나 아름답고 행복한 광경인가. 그렇게 살 줄 알았다.

현실로 돌아오니 이런 풍경이 펼쳐졌다. 남편은 출근하고 없다. 아이 둘은 내 다리를 한쪽씩 붙잡고 콧물 방울을 불며 울어댄다. 나는 그 사이에서 도망친 노비 꼴로 귀를 감싸 쥐고 함께 울부짖는다.

'우아하고 행복한 엄마는 어디로 갔을까.'

'나는 미션에 실패한 엄마가 된 걸까.'

학교에서 미소가 지어지게 만드는 모범생들을 보며 오만하게 생각했던 적이 있다.

'저 아이보다도 더 잘 키울 수 있을 거야. 우리 아이들은 엄마가 교사니 최고의 학생이 되겠지.'

그러나 이내 불안에 떨었다.

'어쩌면 문제가 다분한 아이들로 키울지도 몰라…'

엄마는 나를 두고 알아서 잘 큰 딸이라고 했다. 그래서 우리 아이들도 알아서 잘 클 줄 알았다. 갑자기 엄마의 몇몇 소리가 머리를 스쳤다.

"네가 어릴 적에는 어찌나 잠도 안 자고 젖도 안 먹는지, 밤새 너를 돌보다 코피가 난 적도 있었어."

아. 왜 이럴 수도 있을 거라고는 생각하지 않았을까.

<u>육아도 열심히만 공부하면 성공할 수 있을 줄 알았다.</u> 아이가 뱃속에 있을 때부터 육아서를 열심히 봤다. 학창 시절 공부하던 열정과 비슷했던 것 같다. 아이를 최고로 키우기 위한 만반의 준비를 했

다. '음, 이대로만 하면 문제없겠군.' 책을 보며 생각했다. 그렇다. 나는 육아를 책으로 배웠다.

아기 침대와 속싸개, 배냇저고리 등으로 아이 방을 예쁘게 꾸며놓고, 사랑스러운 아이와 병원에서 돌아와 동화 속 나라처럼 살 줄 알았다. 이제 와 보니, 나는 친구들보다 너무 일찍 아이를 낳았고, 내 주위에는 육아가 얼마나 힘든지에 대해 상세히 얘기해줄 사람이 없었다. 적나라한 육아의 실상을 알지 못한 채 나는 실전에 투입됐다.

조리원에서 집으로 온 직후부터 나는 당황하기 시작했다. 집에 오자마자 아이는 울음을 터트렸고 그칠 줄을 몰랐다. 아무리 안고 집 안을 뱅뱅 돌고, 올렸다가 내렸다가를 하고, 젖을 물리고, 기저귀를 갈고 등을 토닥여도 절대 그치지 않았다. 그리고 그날 밤부터 아이는 기대처럼 자는 법이 없었다. 책에 따르면 아이는 2~3시간마다 젖을 먹고, 나머지 시간은 계속해서 잔다고 했다. 신생아의 하루 수면 시간은 20시간쯤이라고 했다. 그런데 우리 아이는 20시간은커녕, 2시간의 틈도 주지 않았다. 이게 어떻게 된 일인지 알 수가 없었다.

인터넷을 검색해서 급히 수면 교육에 관한 책을 샀다. 모범생처럼 또 열심히 읽었다. 이 힘듦을 손톱만큼이라도 줄일 수 있다면 책을 씹어 먹듯이 공부하겠노라 눈에 불을 켜고 읽었다. 꽤 두꺼웠던 그 책을 1시간 30분 만에 속독으로 몽땅 읽어냈다.

책의 곳곳에 수험생처럼 형광펜 밑줄과 메모, 그리고 접힌 자국을 남겼다. 책에는 어떤 시기마다 특히 힘들 때가 있다고 했다. 그리고 수면 교육은 꼭 해야 한다고 알려줬다. 책을 사면서 함께 제공된 워크북에다가 아이의 수유 간격과 수면 간격, 배변 간격 등을 착실히 적어나갔다. 내 평생 그렇게 절실하게 공부한 적이 없었던 것 같다. 그렇게 열심히 했는데도 육아는 당황스러움의 연속이었다.

책에서 하라는 대로 수면 교육을 했는데 책 내용대로 되지가 않았다. 조금 되는 듯싶다가 아이는 자신만의 고집대로 돌아갔다. 도저히 안 되겠다는 생각이 들었다. 효과적이라는 평이 많은, 다른 수면법을 배워서 실행하기로 했다. 대충, 우는 아이를 방에 내버려두고 나오는 방법이었다. 그렇게 몇 번 반복하면 아이가 알아서 잔다고 했다. 하지만 내 아이는 목청껏 울어댔다. 나는 방문 고리를 잡고 아이와 함께 울었다. 이게 정말 맞는 건지 아이의 울음소리와 함께 불안감이 높아져갔다. 책에서 말한 시간을 참지 못하고, 방으로 뛰어 들어가 아이를 안아 올렸다. 기다리던 엄마가 와서 안아주자 아이는 곧장 진정하더니, 땀에 쩔은 채로 쌕쌕거리며 품 안에서 잠들었다. 그런 아이를 안고 한 번 더 울었다.

육아란 그런 것이었다. 책대로 되지가 않았다. 매 순간 선택의 연속이었다. 그리고 그 선택은 오로지 혼자서 해야 했다. 그것이 엄마가 된 무게였다.

양가 부모님이 도와주실 수 있는 상황도 아니었다. 그래서 연년생 두 아이는 오로지 나와 남편, 둘이서 키워야 했다. 남편은 출근을 해야 했고, 대부분의 시간에 나는 홀로 모든 걸 감당해야 했다.

그전까지 내 인생의 대부분은 공부를 하거나, 친구들과 놀거나, 부모님의 보호 아래 성장하는 것이었다. 대부분은 노력하면 얻을 수 있었다. 특히 학창 시절에 공부를 잘했기 때문에 그런 쪽으로는 자신감이 있었다. 열심히 하면 해낼 수 있다는 것에…. 그런데 처음으로 아무리 열심히 해도 안 되는 것이 나타났다. 성실함과 노력이 육아의 즉각적인 성취나 보상으로 전혀 나타나지지가 않았다. 오히려 열심히 할수록, '왜 이게 안 되는 거지?'의 굴레에 빠졌다. 그렇게 인생 최대의 좌절을 겪게 되었다.

육아 때문에 바닥을 친
나의 자존감

성인이 된 후 육아를 하기 전까지는 큰 좌절이 없었다. 내가 학생일 때 어른들은 공부만 열심히 하면 잘살게 될 거라는 희망을 설파했다. 나는 학창 시절의 전부인 공부를 나름 잘해낸 학생이었고, 그로써 뭐든 할 수 있을 것 같았다.

그런데 이럴 수가. 인생 최대의 난제를 수험생 시절도 아니고, 임용고시 시절도 아닌, 결혼 후에 맞닥뜨릴 줄이야!

하루하루가 전쟁터였다. 아이 울음소리와 함께 눈을 뜬 내 몰골은 생기 없이 어지러웠다. 단장할 여유 따윈 없었다. 남편은 처자식을 애써 뒤로하고 먹이를 구하러 나가는 가장처럼 집을 나섰다. 내가 종일 아이를 짊어지고 행군하다 지쳐 쓰러질 즈음이면 남편이 퇴근할 시간이 다가왔다. 그러면 구조대를 부르는 절박함으로 전화를 걸었다.

"언제 와?"

30대 중반인 남편에겐 승진을 앞둔 중요한 시기였다. 그러나 그는 너무 힘들다고 하소연하는 아내를 외면할 수 없어 쫓기듯 집으로 달려왔다. 남편이 집으로 돌아오면, 찡그린 표정으로 오늘 하루는 얼마나 힘들었는지 하소연부터 하며 아이를 떠밀듯 건넸다.

남편이 집으로 왔다고 쉴 수 있는 건 아니었다. 그에게 투정 부리며 잠깐 숨을 돌리다 이내 정신을 다잡고 해내야 할 일들이 많았다. 엄마에게 다시 보내달라고 아우성치는 아이를 애써 외면하고, 분유 세척, 유축기 세척, 기저귀 버리기 등, 다 나열할 수도 없는 수많은 일을 했다. 아이가 다시 나에게 오면 남은 일들은 남편에게 부탁하고, 젖을 물리거나 기저귀를 갈아주거나 아이를 씻기거나 토닥여 재웠다. 아이의 기분이 상하지 않게 종일 수발을 들어야 했다. 제발 오늘은 좀 덜 울어주길 바라며, 오늘 내 아기씨의 기분이 언짢지 않길 바라며 내내 살피고 안아줘야 했다. 손목과 발목이 너덜너덜해질 정도로 종일 아이를 위해 수발을 들었지만 도무지 뭐 하나 뜻대로 되는 게 없었다. 아이가 최우선인 생활이었다.

둘째 출산 즈음, 첫째를 돌봐주기 위해 해외에서 친정 엄마가 왔다. 주재원인 아빠와 함께 해외에 있다가 딸의 요청에 한 달간 와 있기로 했다. 엄마가 다시 돌아가던 날 냉장고에는 국과 반찬이 꽉꽉 채워져 있었다. 혼자 육아하며 매일 불어 터진 라면을 대충 삼키기 일쑤였던 딸의 모습을 짐작하셨나보다.

"밥 잘 챙겨 먹어." 엄마는 이 말을 여러 번 하고 떠났다. 엄마가 떠나고 덩그러니 남겨지자, 눈물이 후드득 흘렀다. 그날 점심, 엄마가 한솥 끓여놓은 미역국에 밥을 허겁지겁 말아 먹다가 꺼이꺼이 울고 말았다.

엄마가 와 있던 날들이 가장 호화로운 시간이었다. 엄마가 나에게 해주었던 것들을, 다시 되갚아야 하는 빚인 양, 내 아이에게 해주어야 하는 것이구나 생각했다. 엄마가 시골에서 시집살이하며 나를 홀로 키워야 했던 것을 생각하면 나의 육아 환경은 썩 괜찮은 것이었다. 그러나 그 사실도 나의 힘듦을 덜어주진 못했다.

언제나 잘해왔듯 육아도 잘해낼 거라고 스스로를 격려하며 꾸역꾸역 버텨보려고 했다. 그러나 계속해서 이어지는 육아의 힘듦에 나의 자존감은 매일 바닥을 쳤다. 사실 생각해보면 좌절하고 꺾였을 때 다시 일어나본 경험이 나에게는 없었다. 좌절을 해본 적이 없으니, 해내지 못했을 때의 경험도 없었다. 육아는 겨우 위태하게 유지하고 있던 내 자존감을 산산조각냈다.

나는 내가 언제나 자신감 넘치고 긍정적인 사람이라고 생각했다. 주위 사람들도 나를 꽤 둥글둥글한 사람으로 보았다. 그런데 그건 그저 사회적인 가면일 뿐이었다는 진실을 마주하고야 말았다. 나의 자존감은 그저 높아 보이는 척했던 가짜였다. 사람은 진짜 힘들 때 본래 성격이 나온다고 하던가.

몇 날 며칠, 아니, 몇 개월을 사람다운 생활을 하지 못하다 보니 점점 더 예민해지며 못된 성질머리가 드러났다. 종일 집 안에서 아이와 있으니, 내 성질머리를 보는 사람은 다름 아닌 남편이었다. 남편이 퇴근해서 열심히 뭘 하고 있을 때조차 마음에 들지 않았다. 내 눈엔 남편이 하는 일은 모두 부족해 보였다. 아이의 위생 때문에 그냥 넘어갈 수 없었다. 계속해서 그에게 불만이 쌓여갔다. 내가 종일 하는 것들에 비해 남편은 너무 적게 하는 것 같았다. 아무것도 모르던 어린 신부가 살림과 육아의 달인이 될 동안, 남편은 여전히 백지상태에 머물러 있었다. 내가 가사와 육아의 모든 걸 책임지고 짊어져야 한다는 사실을 받아들일 수가 없었다. 남편은 결혼하면 본인이 모두 다 해주겠노라고 말했는데. 내 분풀이에 지친 남편은 "하느라고 열심히 하고 있다. 퇴근하자마자 쉬지 않고 계속하고 있는 것 안 보이냐. 나 같은 남편이 몇이나 있을 것 같냐" 등의 이야기로 반격했다. 남편이 저렇게 말하면 사실 할 말이 없었다. 최선을 다해 돕고 있었으니까. 그렇지만 그의 헌신을 칭찬해주기에는 내가 너무 지쳐 있었다. 그냥 나의 젖가슴과 자궁을 남편에게 떼어주고, 이 모든 것들을 그가 해봤으면 하고 생각했다.

육아하면서 나의 바닥을 보았다. 내 성질머리가 이토록 더럽고, 인내심이 약한지 처음 알게 됐다. 더 이상 참을 수가 없었다. 어느 날 밤, 모두 잠든 새벽, 홀연히 먼지가 되어 사라지고 싶다는 생각이 들었다. 어떤 극단적인 일을 해버리기엔 너무도 슬퍼할 사람이 많고, 엄마 없이 살아갈 아이들이 불쌍했다. 원래 이 지구상에 없었던 사람처럼 모든 이의 기억에서 먼지처럼 사라지고 싶었다. 이런 생각들을 어느 순간 자주 하기 시작했다. 남편은 그런 내 상태를 눈치챘던 것 같다. 정말로 어떤 일을 저질러버릴 것같이 느껴졌는지, 나를 방에서 못 나가도록 잡아두기도 했다. 어느 날은 절대 져주지 않을 것처럼 하다가도, 잘못했다고 나를 안아줬다. 나쁜 생각하지 말라며 나를 도닥였다. 그렇게 아슬아슬하게 지나온 나날들이었다.

늘 '잘될 거야!'라고 생각했다. 나는 그런 긍정녀였다. 그러나 엄마가 되자, 과연 이걸 제대로 해낼 수 있을까? 하는 비관적인 사람이 되었다. 매번 흔들렸다. 아이의 울음소리는 죄책감을 건드렸다. 아이가 울면 이번에도 제대로 해내지 못한 것 같다는 죄책감에 가슴이 쿡쿡 찔려왔다. 아이의 앙칼진 울음과 터질 것 같은 얼굴은 내가 엉망인 엄마라는 증거처럼 보였다.

보통은 도저히 이건 못 해낼 것 같다 싶으면 그냥 그건 안 해버리면 그만이었다. 포기하고 잘할 수 있는 것을 하면 그만이었다. 그런데 육아란 것은 그게 안 되었다. 이 아이를 포기하고 다른 것을 할 수가 없었다.

비로소 나의 자존감은, 못하는 것들을 떨쳐버리면서 지켜온 자존심이라는 것을 깨달았다. 이렇게 앞뒤 없는 곳에 갇혀 해내야만 할 때가 되자, 도망치고 싶어졌다. 드디어 내 자존감의 뿌리가 드러난 것이다. 한없이 가냘파서, 쉽게 뽑혀나갈 것만 같은 부실한 밑바닥, 겉으로 보이는 성과로만 꽁꽁 싸맸던 알량한 자존심.

사람은 언제고 어려움을 겪을 수밖에 없다. 좌절과 실패를 한 번도 겪지 않고 나이 들어가는 사람은 없을 것이다. 나는 그 좌절을 육아하며 처음 맞닥뜨린 것이고, 또 누군가는 다른 일로 만날 것이다. 그때에 튼튼하고 단단한 뿌리, 자존감이 제대로 박혀 있지 않다면 위험하다. 자신을 믿고 헤쳐나가는 대신, 도망치고 도망치다 자신을 망쳐버릴지도 모른다.

게다가 나처럼 이렇게 육아를 하면서 부서진 자존감은, 아이에게도 영향을 미친다. 아이는 부모를 보며 자란다. 세상에서 태어나 처음 배우는 것은 부모의 표정, 반응, 말 등이다. 처음 만나는 세계가 밝고 빛나야 아이도 빛날 수 있다. 그것을 너무 잘 알기에 겁이 났다. 아이에게도 어둠과 우울을 전이할 것만 같았다. 나에게서 끝나지 않을 자존감의 바닥이 나를 두렵게 했다.

중압감과 책임감에 짓눌려 인생 최저의 자존감을 찍었다. 훗날 상담 센터에 가서 인생 그래프를 그렸는데, 육아하던 시기가 내 인생 최저점이었다. 인생 변곡점은 0을 뚫고 마이너스 100까지 내려갔다. 남들에게는 마지막 자존심으로 "연년생 애들 키우는 거 생각보다 그렇게 힘들진 않았어"라고 말하고 다녔다. 그 때문이었을까. 괜찮게 지나간 것 같았던 그 시절은, 나에게 짙게 남아, 후에 우울증처럼 남았다.

차라리 힘듦을 인정하고 자존심을 내려놓고, 도와달라고 했더라면. 누구에게라도 "지금 너무 힘들다. 제대로 해내지 못할 것만 같다"라고 말했더라면, 그렇게 제때 치료받았더라면, 지금도 그 시절의 이야기를 쓰며 하염없이 눈물 흘리진 않을 수 있었을까. 딛고 일어나 보지 못한 가냘픈 자존감은, 나를 위로하던 사람들조차 쳐냈다. "연년생 육아가 그렇게 힘들다던데, 너무 힘들겠다"라고 안쓰럽게 말을 건넨 사람들 모두에게, 반격하듯 괜찮다고 했다. 처참한 성적표를 보여주는 건 내 자존심이 허락하지 않았다.

터널 속을 지나며 굳은 다짐을 했다. 아이들에게는 반드시 뿌리 깊고 단단한 자존감을 심어주겠노라. 너희는 그러지 않기를. 네가 어떤 못난 모습으로 있더라도 사랑해주고 응원해주는 엄마가 있음을 기억하기를. 하마터면 엄마를 잃을 뻔했던 아이들에게 백만 번 사죄하며…

이제 누군가 그 시절을 물으면 말한다. "너~무 힘들었지. 참 힘들었어."

그리고 지금, 나와 같은 시절을 지나는 분들에게 전한다. 힘든 게 당연한 거라고. 너무 힘들면 도움을 받아도 된다고. 그게 당신이 실패했다는 증거가 절대 아니라고. 아이 옆에 있는 것만으로도 당신은 이미 99점을 해냈다고.

18개월부터 시작된
내 아이의 사교육

아이를 키워본 양육자들 입장에서는 18개월에 시작하는 사교육이 그리 이른 건 아니라고 생각할 수 있다. 문화 센터 이력까지 합치면 6개월부터 사교육이란 것에 발을 들이는 경우도 많다. 그렇게 어린아이가 뭘 안다고 문화 센터를 데리고 나가느냐고 하지만, 내게 이때의 문화 센터는 엄마 콧바람 쐬기의 의미가 더 강했다. 아이와 함께 집에 틀어박혀 있어야만 했던 6개월은 정말 지난했다. 드디어 문화 센터 강좌에 참여할 수 있는 개월 수가 되자 어찌나 반갑던지. 촉감 놀이라는 명목하에, 아이의 뇌 발달을 돕는다는 미명하에, 처음으로 당당하게 정기적인 외출을 한 것이다.

그런 것들은 차치하고 첫 사교육다운 사교육은 18개월쯤이었다. 방문 영어 교사를 집으로 들였다. 유명한 영어 전집을 사들이고 방문 수업까지 한 것이었다. 사실은 금액이 너무 세서, 1단계만 들이는데도 망설여졌다. 그럼에도 결국 유혹에 못 이겨 사고야 말았다.

나는 늘 영어가 아쉬웠다. 어릴 적부터 영어를 모국어처럼 습득했으면 적어도 영어 과목에서 그렇게 고전하지는 않았으리라. 이것을 아이에게도 느끼게 하고 싶지 않았다. 영어에 한해서는 꼭 가르치겠다는 열망이 있었다. 이게 사람들이 말하는, 엄마의 소망을 아이에게 투영하는 꼴인가. 젊은 방문 교사는 아이와 방안에서 영어로 신나게 놀아줬다. 아이는 이해하지 못했지만 즐거워했다. 그렇게 가성비가 너무도 떨어지는 수업료를 내고서도 흐뭇했다.

둘째를 출산하러 가게 되면서 수업은 중단됐다. 그리고는 다시 시작하지 않았다. 끊을 수 있는 핑계가 생겨 다행이라는 생각이 들기도 했다. 모든 것을 지불할 때 가성비를 따지는 성격인데, 이건 도무지 가성비가 좋지 않았다. 30분에 5만 원가량의 수업비를 지불했다. 10년 전의 가격인데 말이다. '그거 잠깐 수업한다고 영어가 트일 리가 있겠어? 유아 영어 정도는 내가 해줄 수 있어'라고 자신만만해하며 재개하지 않았다.

그리고는 가끔 영어 책을 읽어주고, 가끔 영상을 틀어주며 이게 가성비 있는 영어 교육이라며 나를 위로했다. 그러나 곧 불안감이 엄습했다. 영어는 모국어처럼 습득시켜줘야 한다더라는 주위의 말이 나를 불안하게 했다. 엄마표 영어 놀이에 도움이 된다는 책을 사서 아이에게 영어로 말을 걸었다. 영어로 집안 사물의 이름을 알려주기도 하고, 영어로 지시하기도 했다. 그러나 곧 흐지부지됐다.

그 뒤로도 프뢰벨 방문 교사를 들였다가 몇 개월하고 그만두었다. 남들이 다들 한다고 하니까 불안해서 한번 해보기는 했다가, 돈이 아까워 보이면 금세 끊는 것의 반복이었다. 일주일에 한 번 와서 저 정도 하는 건 내가 해줘도 되겠다는 생각이었다. 그러나 곧 조금 해주다가 포기해버리기 일쑤였다. '이거 안 한다고 안 똑똑해지는 건 아니지, 암…. 그저 상술일 뿐이야'라고 합리화하며.

곧 그런 합리화에 중독되어갔다. '어릴 적에 이런 거 안 했어도 잘만 컸어. 우리 어릴 적엔 이런 건 없었다고.' 돈 주고 받기는 너무 고가이면서, 집에서 해주기는 귀찮은 영역들을 하나씩 지워나갔다.

그러나 영어만은 그럴 수가 없었다. 첫째가 5세가 되자, 처음으로 어학원 오후반에 다닐 수 있는 나이가 되었다. 다섯 살짜리를 어린이집이 끝나고 바로 셔틀버스로 픽업해 가서 영어 학원까지 다녀오는 코스로 보냈다. 희망에 차서 보낸 내 마음과는 달리 자꾸만 다니기 싫다는 아이 때문에, 원장님과 상담을 했다. 아이가 원어민을 보고 겁이 나는지 매우 소극적이고 거의 말 한마디하지 않는다고 했다. 어린이집에서는 사교성이 넘치는 아이였다. 자주 생글생글 웃던 내 딸은, 어학원에서 올려준 사진 중에는 웃는 모습이 없었다. 이러다가는 영어를 싫어하는 아이로 크겠다 싶어 얼른 관두었다.

그러고는, 집에서 영어 책을 읽어주고, 영어 영상을 틀어주는 데 집중했다. 이 정도는 엄마만 노력하면 가성비 좋은 방법이다 싶었다. 온라인 카페에서, 엄마표 공부 소모임을 만들어 더 박차를 가했다. 워낙 계획을 짜는 것을 좋아하는 성격이라, 엄마들에게 한 달 계획표를 샘플로 만들어 제공했다. 계획표에는 영어책 3권 읽기, 영어 CD 흘려듣기, 영어 영상 1시간 보여주기 등 구체적인 목록들이 있었다. 이왕 하는 거 다른 공부들도 넣자 싶어서 수학 문제지 풀기, 한글 독서 등도 넣었다. 명색이 교사인데, 내 아이쯤 못 가르치겠어? 하며 의기양양하게 시작했다.

결과는 처참했다. 유치원을 다녀오고, 학원을 한 군데 다녀와서, 엄마표 공부까지 해내야 했던 아이들은 버거워했다. 엄마가 하라는 대로만 하면 멋진 사람으로 클 거라고 다독여가며 계획표에 있는 목록들을 체크하기 바빴다.

하루이틀이 지나자, 목소리 높이지 않고 친절하게 가르칠 수 있을 거란 예상은 철저히 빗나갔다. "빨리 계획에 있는 것부터 해놓고 그다음에 쉬게 해줄게." 나는 이런 말을 반복하며 계속해서 아이를 이끌기 위해 애썼다. 아이는 하기 싫어하고, 나는 빨리 쉬고 싶으니 언성이 자꾸 높아졌다. 계획된 것만 하면 그다음은 엄마도 쉬고 너희도 쉴 수 있는데, 왜 빨리빨리 해내지 않는지 이해할 수 없어서 불만스러웠다.

그러나 이 계획은 누가 세운 것인가? 아이의 동의를 얻은 적이 있던가? 6, 7세 때 이 계획대로 안 하면 큰일이 나나? 진지하게 이 고민을 맘카페에 올려봤다. 그냥 맘카페가 아니라 아이들 공부 좀 시킨다는 엄마들이 모인 맘카페였다. 그래서 우리 아이가 하는 것쯤은 모자란다고 생각하며 올렸다. 그런데 돌아온 답글들은 내 머리를 쾅 쳤다.

"이걸 그 나이 아이가 해내기엔 너무 과한 것 같네요. 아이들도 기관 다녀오면 집에서 쉬고 싶을 텐데 너무 힘들겠네요. 엄마도 지칠 것 같은데 아닌가요?"

내 글에 사람들은 그런 반응을 보였다.

그제야 아이들의 일과를 돌아봤다. 집에 와서는 엄마에게 어리광 부리고 좀 뒹굴거리며 쉬고 싶었을 텐데, 엄마는 그럴 틈을 주지 않았다. 계속 무언가를 해내라고 했고, 책상 앞에 앉혔고 다그쳤다. 우리 아이들은 아무 학습도 안 하고 있다는 조급함에, 아이들을 위한다는 명목으로 이런 바보 같은 짓을 한 것이다.

곧 그 계획표를 찢어버렸다. 사실은 너무 힘들었다던 아이들에게 미안하다고 사과했다. 그 시기를 다 지나오곤 이제야 생각한다. <u>유치원생 때 학습하나 더 시키고 안 시키고는 나중에 보면 하등 영향이</u>

없다는 것을. 그때 중요했던 건, 아이와 함께 웃는 것이었음을. 그런데 나는 그때 아이를 위한답시고 어떤 표정을 보여주고 있었을까. 아이에게 사죄하고 또 사죄하고도 모자를 짓을 했다. 그렇게 닦달받는 아이들의 표정이 어떤지를 학교 현장에서 너무도 많이 봐왔으면서 말이다.

비교하는 말에
흔들리지 않을 자신감

아이가 태어나면 나는 환한 햇살처럼 아이를 종일 바라볼 줄 알았다.

"아이는 축복이다. 행복을 주는 존재다"라고 되뇌며 아무리 행복해보려 해도, 당장 눈앞에 닥친 힘듦은 나를 힘겹게 했다. 아이가 울 땐 더 일그러진 표정으로 아이를 바라보았다. 아이가 떼를 쓰면 더 구겨진 얼굴로 아이를 대했다. 그러지 않을 수가 없었다. 그럴 수 있는 성인군자가 정말 존재하기는 할까? 하루이틀 아이를 봐주는 사람은 가능할지 몰라도, 적어도 아이와 매일 24시간 붙어 있는 나는 우는 아이에게, 짜증 부리는 아이에게 웃어줄 수가 없었다. 곧, 아이가 울음을 그치고 웃고 있을 때조차 웃음을 잃었다. 아이가 무엇을 하든 무표정이 되었다. 이미 지쳤기 때문에 웃어줄 여력이 나질 않았다.

내 아이가 본 엄마의 하루는 어떨까? 엄마의 표정은 종일 어때 보였을까? 눈을 뜨면, 또 시작되었다는 듯한 지친 엄마의 표정이 보였을 것이다. 자신이 불안에 떨며 울면, 엄마는 더 불안해하는 표정을 보였을 것이다. 세상을 탐색하다 실수라도 하면, 무서운 표정을 하고 화내는 엄마의 표정이 보였을 것이다. 언젠가 반짝 웃어주는 엄마의 표정을 본 것 같지만, 이내 다시 어두운 표정이 하루를 가득 채울 뿐이었을 것이다.

나는 부모가 아이를 대하는 태도가 얼마나 큰 영향을 미치는지 너무도 많이 보아온 사람이다. 아이들은 부모의 사소한 리액션과 표정으로 자신감, 자존감, 확신, 안정 등을 느낀다. 아이를 똑똑하게 키우겠다는 명목하에 인상을 구기며 엄마표 공부를 시켰을 때, 아이는 엄마로부터 무엇을 받았을까?

아직 1+1을 공부할 준비가 안 되어 있는 아이에게, 엄마들은 너무 빨리 많은 것을 요구한다. 1+1은 초등학교에 가서도 늦지 않게 배울 수 있다. 그러나 1+1을 풀어낼 수 있다는 자신에 대한 믿음은 그때 산산이 부서져버릴 수도 있다.

"옆집 아이는 벌써 그 학원 영재반이래."

"그 반의 누구는 벌써 프리 토킹을 한대."

처음엔 나도 그런 말들에 흔들리지 않을 자신이 있었다. 그맘때는 '사교육 없이 아이 키우기'라는 네이버 카페도 개설했다. 교육에 대해 카페에 글을 쓰면서 흔들리지 않는 내 교육관에 으쓱했다. 그러나 곧 흔들렸다. 그 흔들림을 멈추게 해준 계기가 바로 그 엄마표 계획서를 찢어버린 사건이다.

아이들이 내 눈치를 보고 있었다. 종일 아이들과 행복하게 뒹굴겠노라 다짐했던 마음을 잊고, 종일 아이들을 채근하고 있었다. 이런 나에게서 아이들이 뭘 배울까, 조금의 학습을 주입하려다 많은 것을 잃게 될 뻔했다. 초등학생이 된 첫째가, 자신은 수학을 못 하는 아이라고 생각했던 데는 이런 시행착오가 낳은 가장 큰 부작용임을 고백한다. 실은 첫째는 수학을 못 하지 않는다. 이건 조급했던 엄마의 과오다. 나는 아이에게 사죄하고 또 사죄해야 한다.

아이들이 초등학교에 들어갔다. 잔소리를 좀 내려놓고, 용돈도 줄 겸, 최소한의 습관 계획표를 짰다. 계획서를 찢어놓고 이 무슨 새로운 계획표란 말인가. 우습지만, 나는 계획표를 참 좋아하는 엄마다. 그리고 그 계획서에는 학습이 아닌, 아이가 꼭 해야 할 생활 습관들이 적혀 있었다. 물통 정리, 필통 챙기기, 방 치우기, 알림장 확인. 이 정도였다. 목록을 늘어놔서 그렇지 사실 얼마 안 걸리는 일들이었다. 아이들이 가장하기 싫어하는 것은 방 치우기였는데, 어지르는 건 좋아하면서 치울 때만 되면 힘들다고 아우성이었다. 그런 아이들에게 인상 쓴 표정으로 과업을 해내기를 강요했다.

그렇게 워킹맘으로서 일과 육아를 병행하느라 지쳐가던 날이었다. 사소한 말다툼을 계기로 남편에게 아이들 챙기기를 다 맡겨버렸다. 이전까지는 어쩌다보니 아이들 챙기기는 온통 엄마인 내 몫이었다. 선생님과 연락하는 것도, 아이 알림장 확인도, 준비물 챙겨주기도, 아이가 학원에 늦으면 죄송하다고 사죄해야 하는 사람도 나였다. 이 불공평함에 반기를 들고 이제 당신이 다 해보라고 으름장을 놨다. 그러자 숨통이 트였다. 아빠가 챙기니 서투른 것이 한둘이 아니었지만 이제 내 책임이 아니라 생각하고 두 눈을 질끈 감았다.

놀라운 것은 아이들의 변화였다. 아빠가 엄마의 역할을 대신한다고 하니 아이들도 뭔가 불안했나보다. 분명 지금쯤 숙제를 해야 하는데, 아빠가 잊고 못 챙기니까 아이들이 먼저 "아빠 지금 숙제해야 해요"라고 말했다. 아빠가 알림장 보는 것을 깜빡하기 시작하자, "아빠 선생님이 내일 ○○ 가지고 오라고 했는데 챙겨주세요"라고 했다. 물통 정리와 가방 챙기는 걸 깜빡해서 그대로 다음날 학교에 갔던 둘째가, 전날 먹던 헌 물이 그대로 들어 있는 것을 몇 번 경험하더니 알아서 물을 챙기기 시작했다. 그걸 보고 반성이 되었다. '나는 너무 앞서서 챙겨줬구나. 아이들이 스스로 하도록 놔뒀어야 했는데.'

<u>스스로 불편함을 느끼고, 챙길 수 있도록 두었어야 했다.</u>

변화는 아이들뿐만이 아니었다. 엄마인 나도 변했다. 그전에는 아이가 무언가를 제대로 해내지 않을 때 화난 표정으로 대했는데,

이젠 그럴 필요가 없었다. 아빠가 알아서 하겠지 싶으니까. 집이 어질러 있어도 화가 나지 않았다. 내 책임이 아니니까. 나의 표정은 밝아져만 갔다. 아이가 물통 정리를 해놓으면 환히 웃어줬다. 잔소리하지 않았는데도 해냈으니까.

아이들이 숙제를 하고 있으면 절로 웃음이 났다. 아무 소리 하지 않았는데 하고들 있으니까. 그때부터 잔소리 봇이 아닌 칭찬 봇 엄마가 됐다. 아이들은 아빠의 허술함으로 인한 자유로움과 엄마의 칭찬으로 인해 신이 났다.

그제야 엄마의 표정이 바뀜으로써 집 안 분위기가 얼마나 좋아지는지 알게 됐다. 남편은 곧 일이 바빠져 다시 아이들 챙기는 것은 내 몫으로 넘어왔지만, 이제 그전과는 달랐다. 아이들이 먼저 할 수 있게 놓아주었고, 잔소리보다는 칭찬을 더 많이 하게 됐으며, 혹여 뭔가를 안 하더라도 자기가 불편하면 스스로 하겠지, 라고 생각하며 마음을 놓을 수 있었다. 나는 그렇게 웃기로 했다.

흰옷 대신 더 사다 놓은
어두운 색의 옷

엄마 표 공부 계획표를 찢어버린 후 나는 다시 온화한 엄마가 됐다. 원래부터도 나는 남들이 보기에 꽤 특이한 엄마로 보였을 정도로 힘을 빼고 육아하는 엄마였다. 아이들에게 반성하고 미안해할 부분은 학습에 관한 시행착오 기간이다. 그 시기만 똑 떼어서 본다면 꽤 종종거리고 까다로운 엄마로 보일 테지만 오해다.

몇몇 일화를 소개하자면 이렇다. 둘째가 네 살일 때, 누나의 리본 핀을 자신의 짧은 머리카락에 아무렇게나 찔러 넣고, 누나의 빨간 구두까지 신고 현관에 서 있었다. 자신은 오늘 이렇게 등원해야겠단다. 나는 한두 번 말려보다 그냥 원하는 대로 해주기로 했다. 선생님께 조금 민망했지만, 담임 선생님은 이해한다는 듯 밝은 목소리로 "아이고, 예쁜 거 신고 왔네!"라고 하며 둘째를 데리고 반으로 들어가주었다. 그리고 다음 날부터 둘째는 다시는 그런 고집을 피우지 않았다. 아마 원에서 친구들과 선생님의 반응을 보고 뭔가 깨달았을 것이다.

내가 나서서 말렸다면 등원 시간이 눈물 콧물로 얼룩지고 아이와 엄마가 싸우는 구도가 되었을 것이다. 나는 그저 하고 싶다는 대로 놓아두었고, 알아서 본인이 깨닫고 왔기에, 다시는 말릴 필요가 없었다.

다른 엄마들과 함께 아이들을 데리고 만날 때도, 나는 늘 엉덩이가 무거운 엄마였다. 그리고 잔소리도 적은 엄마였다. 다른 엄마들은 아이에게 이래라저래라, 옷을 입어라 벗어라, 손이 더럽다 어떻다 쉴 새 없이 말하고 왔다 갔다 했다. 그동안 나는 그저 눈으로 아이를 계속 살피면서 엄마들과 앉아 있었다. 아이가 "엄마" 하고 부르면, 그제야 아이가 원하는 도움을 주려 끙차, 하고 일어날 뿐이었다. 옆의 엄마가 나에게 걱정스레 물었다. "저렇게 놀면 감기 걸리지 않을까? 불러서 이것 좀 먹으라고 해야 하지 않을까?" 나는 그 우려를 괜찮다는 말로 넘겼다. 추우면 알아서 옷 입겠지. 배고프면 알아서 오겠지, 하는 대답만 했다. 나는 정말로 그렇게 생각했다. 그리고 아이들은 어김없이 그랬다. 그리고 내가 애써 동동대며 잔소리하고 따라다니지 않아도 별문제 없이 잘 자랐다.

교실에서 아이들과 지내다보면, 엄마들이 동동거리는 노력이 아이들에게 온전히 가닿지 않음을 알게 된다. 에너지만 빼고 효과는 미미한 일이다. 나도 그래봤지만 역효과만 났더랬다.

우리 아이들은 흙바닥에서도 옷이 다 더러워질 정도로 뒹굴고 논다. 내가 허락했기 때문이다. 나는 맨발로 흙을 밟는 게 좋다더라며 오히려 신발과 양말을 다 벗어던지고 맘껏 흙바닥에서 뒹굴기를 허락했다. 집 뒤 공원에 모래 놀이장이 있었는데, 아이들은 헌 생수통에 물을 가득 받아 와 시간 가는 줄 모르고 모래 놀이를 했다. 집에 들어가면 옷 구석구석에서 모래가 후두두 떨어졌다. 현관 가까운 욕실로 들어가서 바로 옷을 다 벗고 씻게 했다. 옷이 더러워지면 세탁기가 빨아주고, 모래는 욕실로 바로 들어가 씻으면 된다. 아이들이 즐겁게 놀겠다는 걸 굳이 말릴 필요가 없었다. 흙 만진 손으로 과자 집어먹는 것도 뭐 별 탈이야 있겠나 싶어 그냥 둔 적이 많다. 기껏해야 하루이틀 배 아프겠지. 그렇지만 우리 애들은 그로 인해 탈이 난 적은 없었다. 새로 산 흰옷이 시커멓게 흙투성이가 되었을 때는 생각했다. '흰옷 대신 어두운색의 옷을 더 사다 놓아야겠네.'

우리 아이들을 본 동료 교사가 말했다. "선생님 아이들은 동화 속에 나오는 아이들 같아요. 둘이서 웃으며 뛰노는데 햇살이 내리쬐는 것 같더라고요."

지금 생각해보니 엄마로서의 내 여유로움이 반영된 결과이지 않을까 생각한다.

그렇게 잘 크고 있던 아이들을, 주위에서 학습시키기 시작하는 모습을 보자, 나도 모르게 채근하게 되었다. 세상에 태어난 아이를 처음 안아 올릴 때의 마음은 온데간데없이, 더 잘하기를, 더 빠르기를 요구했다. 아이를 위한다는 마음의 가장 밑바닥에는 내 욕심이 있었다. 아이는 내 품에 와 지금까지 언제나 똑같이 감동스러운 존재다. 그 감동스러운 존재를 내 욕망의 시선과 안경으로 재단하고 채근하고 인상 구겨온 것이었다.

교사는 자신의 아이들에게 좀 더 엄하기 쉽다. 늘 기준을 가지고 학생들을 훈육하고 지도하는 사람들이기 때문이다. 그리고 아이를 키울 때 바라는 모습인 모범생들이 교실에는 늘 한두 명쯤 있다. 그 학생들을 기준으로 아이를 키우려다 보니 자꾸 잔소리가 나온다. 이런 나도 내려놓을 수 있었으니, 다른 부모들은 내 아이를 위해 더 편히 내려놓을 수 있을 것이다. 내려놓고, 기준을 팍 낮추고, 다시 한번 아이의 존재만으로 감동받던 그 마음과 시선으로 내 아이를 바라보자. 그때 부모도 편하고, 아이는 자존감 높게 자라는, 성공적인 육아를 해낼 수 있다.

나는 별로 애쓰지 않았는데, 아이가 알아서 잘한다면 절로 박수가 나온다. 기대하지 않았는데, 뜻밖의 일을 해내면, 절로 웃음이 날 것이다. 그렇게 행복하고 편안한 육아가 어디 있을까. 내려놓자. 아이도 나도 웃을 수 있도록. 그렇게 함께 행복할 수 있도록. 이 마음을 기억하고 앞으로 이 책에서 소개할 자존감의 원칙들을 더해보는 방식을 권해본다. 그러면 우리는 이제, 스스로 잘 크는 아이를 뿌듯하게 바라보기만 하면 된다.

자존감에 대해 아이들이 준 수많은 힌트를 알아볼까요

자존감에
늦은 때란 없다

아이가 초등학교에 입학하면서부터 부모님들은 본격적으로 아이의 성적에 관심을 두기 시작한다. 그러나 이 시기의 아이들에게 먼저 심어주어야 하는 것은, 아이가 주체적으로 자신에게 도움이 되는 방향으로 행동할 수 있도록. 그래서 멋지게 살아갈 수 있도록 초석을 다져주는 일이다. 그 초석이 바로 자존감이다.

자존감에는 여러 다른 이름이 있고, 여러 갈래로 분류되기도 한다. 자아 존중감, 자아 존재감, 자아 효능감 등이다. 자존감을 어렵게 생각할 필요는 없다. '나는 소중한 사람이야', '나는 잘해낼 수 있는 사람이야'라는 믿음이 바로 자존감이다. 앞으로 수많은 과제를 맞닥뜨릴 아이들에게 가장 중요한 마음가짐이다. 어떤 것을 앞두고 선택해야 할 때, 할 수 있다고 스스로를 믿는 것. 그리고 해내지 못했을 때도 '괜찮아. 다음에 내가 노력하면 조금씩 나아질 거야'라고 생각하는 것. 그렇게 자기 자신을 사랑할 수 있는 사람이 될 초석을 다지는 데에 부모가 집중하기를 권한다. 이런 마음가짐이 있어야 아이는 학교에서뿐 아니라 수많은 어려움 앞에서도 다시 일어서서 나아갈 수 있다.

학부모 상담, 학생 상담을 하다 보면, 자존감보다 공부가 우선이라고 생각하고 아이의 공부를 엄하게 시키는 집이 꽤 많다. 공부를 잘해야 자존감도 높아질 것이라 생각해서 아이를 위해 시키는 마음임은 이해한다. 이와 다르게 공부는 좀 못해도 된다며 알아서 잘크겠지, 하고 그냥 내버려두는 집도 있다. 나는 두 가정에, 특히 저학년일수록, 아이의 자존감을 키워주기 위한 부모로서의 노력은 포기하면 안된다고 당부한다.

교직 생활을 하면서 공부는 잘하는데 자존감이 낮아서 여러 문제를 일으키는 경우를 종종 본다. 집에서 부모님께 너무 엄하게 공부로 닦달당하여 굉장히 예민한 아이가 있었다. 질문에 답도 잘하고, 성적도 잘 나왔지만, 문제는 학교에 적응하는 일이었다. 친구들에게도 예민하게 굴고, 뭐 하나 관대하게 넘어가는 경우가 없었으며, 폭력 사태까지 벌어졌다. 결국 모든 친구들에게 배척당하고, 자존감은 점점 낮아져만 갔다. 이렇게 심각한 상황까지는 가지 않더라도 집에서 공부로 압박을 많이 받는 아이들은 고학년이 될수록 표정이 점점 어두워지는 것을 많이 본다.

반면에 공부로 두각을 나타내지 않아도 자존감이 높은 아이들도 많이 본다. 자존감이 높음이 느껴지는 학생들이 있는데, 친구가 짓궂게 놀려도 자신의 생각을 당당하게 말한다. 몇 번 그러고 나면 아무도 그 아이에게 함부로 하지 않는다.

이렇게 공부가 아니라도 아이의 자존감이 높은 경우는 몇 가지 이유가 있다. 잘하는 것이 있는 아이이다. 꼭 무슨 학원을 다녀서 피아노를 잘친다거나, 그림을 잘그리는 등의 특기만을 말하는 것이 아니다. 교실에서 교사가 혼자 힘으로 학습 준비물을 옮기기가 힘든 경우가 있는데, 그때 어떤 아이가 '제가 힘이 세니까 도울게요' 하고 나섰다. 당연히 교사로서 아이에게, "너는 힘도 좋고 도움을 잘 주는 아이구나" 하고 칭찬을 하게 된다. 그 뒤로 친구들도 종종 "A야 도와줘!" 하고 말하는데, 이런 사소한 것으로도 아이들은 '나는 이 공동체에 필요한 사람이야'라는 느낌을 받고 자존감이 높아진다. 인간관계를 잘하는 아이들도 자존감이 높다. 성격이 둥글둥글하고 공감능력이 뛰어난 B학생은, 친구들이 모두 좋아했다. 친하지 않은 친구도 어려움에 처해 있으면 다가가서 도와주고, 대신해서 짓궂은 아이를 제지시키기도 했다. 이 학생은 결국 6학년 때 전교 회장까지 했다.

이렇게 친구들에게 사랑받는다는 느낌을 받는 아이는 자존감이 높을 수밖에 없다.

집에서 아이에게 공부만 강조하기보다, 아이의 장점을 포착하여 이런 것을 잘하는 것도 사회에 꼭 필요한 일이라고 북돋아 주자.

교직에 있으면서 한 번도 동료 교사들과 "저 아이는 정말 영재인 것 같아!"라는 이야기를 나눠본 기억이 없다. 대신에 이런 이야기를 가장 많이 한다.

"○○이는 정말 태도가 좋아!", "○○이는 정말 인성이 좋아!"

교사들이 "○○이는 진짜 뭐가 되도 될 애야!" 하는 아이들에게는 공통점이 있다. 긍정적인 아이, 자신에 대한 믿음이 있는 아이, 그래서 열심히 하는 아이, 그 높은 자존감을 바탕으로 주위 친구들에게도 후한 아이다.

'공부를 잘하는 아이로 키우고 싶다. 모범생으로 키우고 싶다. 행복한 아이로 키우고 싶다. 아이가 잘 자라주었으면 좋겠다.' 육아의 목표가 뭐든 좋다. 무엇을 원하든 그 초석은 자존감이다.

특출나게 잘하는 게 없는 아이에게도 잘하는 것이 있다고 말해주면, 아이는 자신을 잘하는 사람이라고 믿는다. 그러니 되도록 일찍, 아이에게 알려주자. 너는 분명 잘해낼 수 있는 사람이라고. 엄마 아빠는 너를 언제나 응원하고 있다고. 혹여 잘 안되더라도 너는 엄마 아빠가 세상에서 가장 사랑하는 소중한 사람인 것을 기억하라고. 스스로를 믿고 당당하게 살아갈 수 있도록 말이다.

만약 이미 망쳤다거나, 늦었다고 생각되어도 괜찮다. 아직 늦지 않았다. 내 아이를 응원해주는 데에 늦은 때는 없다. 부모가 늦었다고 생각한다면 더 오래 걸릴 수는 있다. 그렇지만 포기하지 말고 계속해서 응원해주자. 아이의 눈빛이 달라지는 것을 느낄 수 있을 것이다. 그것이야말로 부모가 줄 수 있는 가장 큰 선물이다.

선생님이니까
잘 키울 것이라는 오해

교사인 나는 종종 이런 오해를 받는다. 선생님이니까, 아이도 잘 키울 거라고. 아, 오해라고 하기엔 사실 대부분의 교사들이 참 자녀를 잘 키운다. 그렇지만 교사도 다른 부모와 다를 바 없다. 늘 흔들리고 고민한다. 교사로서는 경력자이지만, 엄마로서는 초보니까. 때문에 다른 교사들과 모이면 자녀 고민이 자주 화두로 오른다. 그럴 때면 양질의 정보들이 오가기 때문에 귀를 쫑긋 세우고 들어야 한다. 교육 전문가들이자 육아 선배들이 알려주는 놓칠 수 없는 이야기들이니까.

두 아이를 연달아 낳고 육아 휴직을 하는 동안에는, 홀로 육아하다보니 중심을 잡기가 참 힘들었다. 초등학생 시기의 발달과 교육 과정에 대해서는 교육 전문가지만, 더 어린아이들에 대해서는 잘 몰 랐다. 앞에서 이야기한 것처럼 내 나름의 공부로 알지 못하는 부분 들을 채워보려 했다. 여러 육아서를 보고, 출산과 임신에 관한 책을 읽고, 아이의 발달 단계에 맞는 책을 찾아가며 공부했다. 그렇게 두 아이를 흔들려가며 키워내보니 이제야 중요한 게 뭔지 알게 되었다.

교사가 되면 많은 교육 연수를 듣는데, 내 아이에게 다 적용해주 고 싶어진다. 그래서 이것저것 해보다가 결국 이도 저도 아닌 것이 되 어버리기도 한다. 초보 부모들이 많이 하는 실수도 비슷하다. 누가 좋다고 하니까 이것저것 하기 시작해서는 결국 아이도 부모도 정신 만 없어지는 것이다. 요즘은 SNS에 너무 많은 정보가 넘치니 선별하 기가 더 힘들다. 가장 중요한 것에 집중해서 그것부터 키워주고, 나머 지 것들은 과감하게 떨쳐내도 된다. 육아에도 미니멀이 필요하다.

육아를 할 때 곁가지를 다 쳐내고 가장 중요하게 키워줘야 할 단 하나가 있다면, 그것이 바로 자존감이다. 나는 학부모 상담 때 이 말 을 정말 많이 강조한다. 아이를 키울때 주양육자는 수많은 선택의 순간을 만난다. 아이와 마주할 때도 선택을 해야 한다. 지금 안아줄 것인지, 따끔하게 혼낼 것인지. 웃어줄 것인지, 외면할 것인지. 칭찬할 것인지, 별일 아닌 듯 넘길 것인지 등이다. 훈육의 순간이 아닌, 평소 우리가 아이를 바라볼 때 선택해야 할 것은 좋은 면을 보는 것이다.

아이의 장점을 찾아 자존감을 키워주어야 한다. 아이를 행복한 사람으로 키우고 싶다면 자신의 좋은 점을 보는 눈을 길러줘야 한다. 부모부터 그래야 아이도 배운다.

교사이기 때문에 자녀를 키울 때 크게 도움이 되는 부분은 학교 안의 진짜 모습을 안다는 것이다. 교사는 아이가 어떻게 하면 학교에 가서 인정받고 자존감 높게 지낼 수 있는지를 잘 알고 있다. 그래서 자신의 자녀에게도 그런 부분에 대해 미리 가정 교육을 시킨다. 또래 관계와 사회성이 중요해지는 초등학생이 되면, 학교에 가서 받는 인정이 큰 부분을 차지한다. 첫 단추를 잘 끼워 자신이 꽤 인정받는 사람이라고 생각하게 되면 학교생활에도 자신 있게 적응할 수 있다. 그래서 교사의 자녀들이 모범적으로 잘 크는 것이라고 생각해본다.

그 팁을 공유하자면 이렇다. 선생님과 친구들 모두에게 인정받는 법은 의외로 간단하다. 처음에는 인사만 잘해도 인정받는다. 요즘에는 핵가족화가 되면서 웃어른에 대한 예의를 배울 기회가 부족하다. 그리고 이웃 간에도 교류가 적기 때문에 지나가며 만나는 이웃 어른들에게 인사도 잘 하지 않는다. 학교에 오면 의외로 교사에게 눈 맞추며 공손히 인사하는 아이들이 적다. 해가 갈수록 줄어드는 느낌이다. 이 와중에 인사를 굉장히 잘하는 소수의 학생이 있는데, 칭찬을 안 할 수가 없다. 선생님 앞까지 다가와 두 손을 모으고 "선생님 안녕하세요~"라고 예쁘게 인사를 한다. 그러면 절로 엄마 미소가 지어지고 "그래, ○○이 왔니~?" 하고 따뜻이 받아주게 된다. 꼭 선생님이 매번 칭찬해주지 않더라도, 아침부터 받은 선생님의 따뜻한 표정과 말투로도 아이는 힘을 얻게 된다. 쑥스러워 인사하지 못했던 친구들도 그 학생을 부러운 눈빛으로 바라본다.

한 발짝 더 나아가 인정받는 법도 있다. 바로 배려하는 아이가 되는 것이다. 배려를 잘하는 친구는, 모두에게 인기가 좋다. 친구들에게 제대로 인정받은 것이다. 게다가 선생님의 칭찬까지 절로 따라온다. 우리 아이가 너무 양보만 하고 자기 것을 못 챙기는 것 같으면 애가 닳고 초조하기도 하다. 겪어봤기에 잘 안다. 그러나 결국은 배려하는 아이가 승자다. 지금 당장 욕심내어 얻는 것은 짧게는 이득을 보는 것 같지만, 친구를 배려해주고 되돌려받는 인정이 더 길고 값지다. 목소리 크고 자기주장이 센 아이들은 고학년이 될수록 친구들이 멀리한다. 대신 차분하고 배려하는 학생은, 다들 뭘 해도 그 친구와 같이 하고 싶어 한다. 학교에서 그런 장면들을 숱하게 봐왔다.

배려는 양보하는 것만을 말하는 것이 아니다. 말을 예쁘게 하는 습관이 큰 부분을 차지한다. 친구가 상처받을 말은 하지 않고, 친구가 들었을 때 기분 좋은 말을 해주는 것이다.

"우와! 너 정말 잘한다! 대단해!"라고 감탄을 잘해주는 아이들이 있다. 그 아이들을 보면 집에서 얼마나 자존감 높게 키우셨는지가 훤하다. 남을 높여주면 자신이 내려간다고 생각하며 말을 꾹 삼키는 아이들과는 다르다. 자존감이 높기 때문에 여유 있게 친구들을 칭찬해준다. 그런 말을 기꺼이 해주는 친구를 싫어할 사람은 없을 것이다.

이런 배려가 가능해지려면 다른 사람의 입장이 되어 생각할 수 있는 공감 능력이 있어야 한다. 학교에 가면 더 이상 내 마음만을 신경 쓰지 말고, 다른 친구 마음도 입장 바꿔 생각해보도록 집에서 미리 대화를 많이 나누어주고 보내자.

인성 동화책을 읽어주면서 이야기 나누면 좋다는 등의 여러 팁을 알려줄 수도 있지만, 부모가 먼저 모범을 보여주는 것이 가장 좋다. 아이들은 부모의 모습을 똑 닮으니까 말이다.

더 나아가 수업에 집중을 잘하고, 발표를 잘하면 더 좋다. 그렇지만 쉬운 것부터 차근히 해나가자. 보통 예의와 배려로 인정받은 학생들은 더 인정받고자 계속해서 모범적인 행동을 해나간다. 자존감이 높아야 자신을 사랑하고, 나아가 남들까지 배려할 마음의 여유가 생기기 때문이다. 마음이 큰 사람으로 키우자. 부모 품을 벗어나 학교라는 사회에 발을 내딛는 아이를 응원하며.

학생들에게서 발견한
자존감의 힌트들

교실에는 똑같은 과제를 주어도, 눈을 반짝이며 시도하는 학생과, 시작도 하기 전에 포기해버리는 학생이 있다. 이 아이들의 차이가 뭘까? 신기한 것은 능력 차이로 인한 것은 절대 아니란 것이다. 학습에 부진해도 끙끙대며 끝까지 노력하는 학생들도 많고, 해낼 수 있는 기량이 충분한데 못 하겠다는 아이들도 많다.

온 교실을 돌아다니면서 친구들을 방해하거나, 언어적·신체적으로 피해를 주는 학생도 있다. 위기의 학생들이다. 창의력과 기발함이 있거나, 꽤 똑똑한데도 자신을 부정적으로 인식하고 타인을 밀어내는 아이들을 보면 안타깝다.

교직에 있으면서 많은 위기 학생의 학부모와 상담을 해왔다. 저학년일수록 빠르게 조치하면 금세 개선되기 때문에 더 적극적으로 상담을 했다. 슬프게도 고학년은 학부모 상담으로 잘 개선되지 않는다. 학생만이라도 불러 상담하지만, 집에서 바뀌지 않는 것을 학교에서 바꾸기는 정말로 어렵다. 매우 안타까운 일이다.

반대로, 긍정적으로 빠르게 호전된 아이들에게는 공통점이 있었다. 바로 아이의 변화를 돕기 위해 적극적으로 나서는 부모님이 있다는 점이다. 이분들은 아이의 상황을 왜곡 없이 제대로 받아들이고, 담임 교사와 함께 눈물 흘렸다. 또한 육아하며 실수한 부분이 있음을 인정하고 진심으로 개선 의지를 다졌다. 보통은 아이에게 부정적인 피드백을 많이 했음을, 그리고 여력이 없어 제대로 신경 써주지 못했음을 고백한 분들이 많았다.

학부모 상담에서 교사가 아이에 대해 부정적인 말을 하기는 정말 어려운 일이다. 우리 아이를 나쁘게 본다며 온갖 민원을 넣고 흥분하는 학부모를 한 번 만나고 나면 다시는 학부모 상담을 할 수 없을 정도로 큰 트라우마가 남는다. 그러니 아이가 다니는 기관에서 조심스레 연락이 온다면, 감사하게 그 손을 덥석 잡아야 한다. 그런 교사를 만난 것은 우리 아이를 위한 다시없을 기회일 수 있다. 그 기회를 놓치고 계속 두면 커갈수록 문제가 심각해진다. 계속해서 부정적인 지적과 피드백을 받고, 다수의 친구에게 거부의 눈빛을 받는다면 그것이 무섭도록 쌓여서 어떤 결과를 낳을까?

보통 아이가 위기 상태로 학교에 온 경우는 두 가지다. 낮은 자존감을 학습하여 온 아이, 그리고 ADHD 등 병리학적으로 문제인 상태다. 그리고 이 둘이 결합된 경우도 많다. 아이가 산만하고 말을 듣지 않으니, 집에서도 계속해서 혼나기만 한 것이다. 약을 먹어 해결될 케이스라면 하루빨리 의학적 도움을 받는 것이 좋다. 그래야 자신에 대한 부정적인 인식이 굳어지지 않는다. 약을 먹어야 할 상태가 아닌 경우는 학교에서 해주는 자존감 높여주는 말들과 활동이 조금은 도움이 된다. 그러나 양육자가 바뀌지 않으니 금세 도루묵이 되고 만다. 학교의 힘으로만은 바뀌는 경우가 거의 없다. 그러나 부모님이 적극적으로 협조하고 변화하여 회복된 아이들은 정말 빠르게 좋아진다. 그렇게 자존감이 회복된 아이들은 금세 친구들과 잘 어울리게 되고, 학교의 모든 활동에 자신감 있게 참여한다.

부모의 모습은 아이에게 그대로 전이된다. 상담을 온 부모님들의 표정은 아이와 신기할 정도로 닮아 있다. 태도 또한 닮아 있다. 누구의 부모님인지 말하지 않아도 알아볼 수 있을 정도로, 말투, 표정, 성격까지 판박이다. 반에 유독 차분하고 모범적인 아이가 있다. 그런 학생들의 부모님은 모두 차분한 말투와 온화한 인상을 가졌다. 반에서 말하는 것을 좋아해 수업 시간인데도 참지 않고 계속해서 말을 하는 아이가 있었다. 그 아이의 부모님은 상담할 때 그 아이만큼 말이 빠르고 하고 싶은 말이 참 많은 분이었다. 재미있게도, 말하며 짓는 표정도 똑 닮아 있었다. 불안도가 높은 아이의 부모님은, 본인이 더 아이의 학교생활에 대해 불안해하고 초조해했다. 아이에게 괜찮다고 불안하지 않아도 된다고 말해주어도, 부모님이 바뀌지 않는 한 도돌이표였다. 부모의 태도가 고스란히 아이에게 전해지는 것이다. 진정한 유산은 재산보다도, 삶을 살아가는 태도가 아닐까.

학부모들과 상담하면서, 부모가 태도를 바꾸니, 아이의 눈빛이 하루하루 놀랍도록 변하는 경우를 본다. 그토록 적응 못 하고 튀어오르던 아이들도, 금세 순한 양이 된다. 그런 아이들을 보며 한 번 더 배운다. 아이들이 정말로 원하는 것이 무엇인지를. 아이들을 행복한 길로 이끌어줄 수 있는 사람은 오직 부모뿐이다. 간곡히 바란다. 진심으로 모든 아이들의 마음이 평안하기를.

자, 그럼 다시 처음의 질문으로 돌아가서 답을 찾아보자. 똑같은 과제를 주어도, 눈을 반짝이며 시도하는 아이와, 시작도 하기 전에 포기해 버리는 아이의 차이는 뭘까?

아이는 학습된 것이다. 시도하면 성공할 수 있다는 생각, 또는 시도해도 실패할 거라는 생각이 말이다. 어릴 때부터 성공하고 칭찬받은 경험이 누적된 아이들은 뭐든지 일단 시도해보려 한다. 그 반대의 경우는 성공 경험이 적거나, 인정받은 경험이 적은 것이다.

몇 해 전 우리 반에 굉장히 부정적이고 무슨 과제를 받든 일단 거부하고 보는 학생이 있었다. 학부모 상담 후 가정에서도 칭찬을 많이 받기 시작하더니, 금세 달라졌다. 잘하려고 노력하는 학생으로 변한 것이다. 그 아이는 지금 고학년이 되었는데, 저학년 때의 그 모습은 온데간데없이 너무도 모범생이 되어 있다.

성공 경험이 많은 아이는 자신을 믿고 세상을 즐겁게 탐험할 수 있다. 꼭 대단한 것을 성공하지 않아도 된다. 부모가 "우리 딸 단추를 스스로 채웠네? 잘했어"라고 말하면, 한 번의 성공 경험으로 남는다. 아빠가 "우리 아들 혼자서 물을 떠먹었네?"라고 말하면 그 또한 성공 경험이다.

꼭 공부를 잘하는 것만이 아니다. 교실에는 공부를 못해도 자존감이 높은 아이들도 많다. 집에서 칭찬과 사랑을 많이 받은 아이들은 사회성이 좋아 친구들과도 잘 어울린다. 그러면 아이는 또, 또래 관계를 성공적으로 맺는 경험을 쌓게 된다.

부모의 양육 태도가 바뀌어 아이와 함께 변화를 이끌어냈다면, 대단한 성공을 한 것이다. 아이는 기억할 것이다. 엄마 아빠와 내가 어떤 멋진 성공을 해냈는지를. 아이들이 가장 원하는 것은 별것이 아니다. 부모님의 지지와 사랑, 그거면 된다. 비싸고 거창한 것을 해주지 않아도 아이는 그런 부모님을 최고로 여기고 따를 것이다. 다시 한번 제대로 걸어가보자. 부모도 아이도 모두 행복한 길로.

부모는 모르는
아이들의 진짜 마음

"어른들은 몰라요, 아무것도 몰라요."

아마 내 또래라면 잘 아는 노래일 것이다. 저 노래를 부르며, '어른들은 정말 아이들 마음은 하나도 몰라!' 하고 툴툴거렸던 기억이 있다. 엄마 아빠가 알아주기를 바라며 괜히 앞에서 흥얼거리기도 했다.

그러던 우리가 어른이 됐다. 부모가 됐다. 그런 아이 시절을 겪은 우리가 어른이 되었으니, 이제 아이들의 마음을 잘 알아주는 어른이 되었을까? 웬일인지 여전히 아이들은 어른들이 마음을 몰라준다고 툴툴거린다. 어른들은 너무하다던 어린이들이 어른이 되자, 아이들의 마음을 몰라주고 있다. 어른이 되면서 무슨 일이 벌어진 것일까?

어렸을 때 부모님이 공부하라고 하는 것이 싫었다. 학원도 가기 싫었다. 우리 부모님은 내가 건강한 걸로만 만족해주면 안 되나? 하고 억울해한 적도 있었다. 그러던 우리가 부모가 되더니, 똑같이 하고 있다. 아이에게 공부해야 한다고 강조하고, 가기 싫다는 학원도 억지로 보내려 한다. "엄마는 왜 내 마음을 몰라?"라고 하는 아이에게 "너도 나중에 어른이 돼 봐! 엄마 말이 다 맞지!"라고 말한다.

그런데, 우리가 진짜로 아이들의 마음을 모를까? 아니다. 우리는 안다. 우리도 어린 아이었을 때가 있었으니까. 아이의 마음은 알지만 애써 모르는 척하는 것이다. 커보니 어른들의 말이 더 맞는 것 같으니까.

내가 만난 똑똑이들에는 여러 부류가 있다. 부모가 이것저것 시켜서 똑똑한 아이, 집에서 별것 안 시키는데 그냥 똑똑한 아이, 성적은 낮아도 생활면에서 똑똑한 아이. 나는 교사로서 부모가 시키는 대로 해서 똑똑한 아이를 볼 때 가장 안타깝다는 생각이 든다.

이 아이들은 학교에 와서 거리낌 없이 부모님을 원망한다. "아이, 정말. 우리 엄마는 자꾸 이거 하라 저거 하라고 해. 오늘도 집에 가서 영어 단어를 10번씩 써야 돼."

듣고 있던 내가 "엄마 덕분에 우리 ○○이가 똑똑한 것 같은데?" 하면 아이가 대답한다. "저는 정~~~말 하기 싫다고요!" 그리고 충격적이게도 그 아이는 엄마가 자신을 사랑하지 않는 것 같다고 말했다. "엄마는 맨날 이거 해라 저거 해라, 라는 말밖에 안 해"라는 말도 덧붙였다. 고작 초등학교 1학년짜리 아이가 하는 말이다. 그런 아이들의 표정은 대체로 온도 차가 크다. 자신이 잘해서 칭찬을 받을 때는 굉장히 밝은 표정이었다가, 못하는 것에 맞닥뜨리면 한없이 어두워진다. 하기도 전에 지레 포기해버리기도 한다. 잘해야만 한다는 강박이 있거나, 잘해야만 지켜지는 낮은 자존감 때문일 것이다.

부모가 앞에서 이끄는 방식이 잘못된 이유는 여기에 있다. 앞에서 이끄는 부모는 아이에게 따라오라고 채근하게 된다. 그러다보면 아이에게 웃는 표정으로 잘한다고 칭찬할 기회가 적다. 이렇게 해서 아이의 자존감이 높아질 수 있을까? 당장 학교에서 가서 공부는 조금 잘할 수 있어도 금방 밑천을 드러낼 자존감이다. 이렇게 타의로 공부를 해나가는 아이들의 앞으로를 생각하면 안타깝다. 그 아이들은 어느 순간 급격히 공부에 질려 나가떨어질 가능성이 크기 때문이다.

초등학교에 다니는 아이들은 아직 조절력이 부족하고, 습관을 잡아줘야 하는 시기이기 때문에 부모가 어느 정도 이끌어주기는 해야 한다. 그렇지만 그것이 아이에게 과한 정도일 필요는 없다. 저학년 때까지는 최소한의 학습과 습관적인 부분만 잡아줘도 충분하다. 아이가 해낼 수 있을 만큼의 아주 최소한으로만 시작하고, 그것에 듬뿍 칭찬해주면 된다. 옆집 아이가 구구단을 벌써 외운다는데, 하는 이야기는 모두 무시해라. 흔들리지 말고, 나와 아이가 함께 웃으면서 천천히 나아가면 된다.

옆집 아이가 5×5를 할 동안 우리 아이는 5+5를 하고 있어도 괜찮다. 우리 아이는 5+5를 하면서 엄마의 박수를 받을 것이고, 엄마의 웃는 표정을 보며 신이 날 것이다. 그렇게 자존감이 높아진 아이는 곧, 엄마가 권하기도 전에 5×5도 해보겠다며 큰소리칠 것이다. 이렇게 자존감을 높이는 게 먼저다. 자존감이 높아진 아이는 엄마가 말하지 않아도, 하고 싶은 게 많아질 것이다. 이것도 저것도 아이에게는 도전하고 싶은 흥밋거리가 될 것이다. 공부도 마찬가지다.

아이에게는 자기 주도가 중요하다. 자신이 정말로 하고 싶다는 생각이 들어야 효과가 크다. 그렇지 않은 경우, 근근이 이어나가는 아슬아슬한 학습이 될 뿐이다. 공부를 잘했던 사람들을 보면 스스로 공부에 열의가 상당했다. 그리고 의외로 일찍부터 달렸다는 사람은 보기가 드물다. 오히려 사교육을 안 받았다는 이야기가 더 많다. 그렇게 혼자 공부한 게 진짜 내 것이 된다. 혼자서 제대로 엉덩이 붙이고 공부하는 힘은 내면적 동기 덕분이다. 본격적인 학습을 시작하기 전인 초등 시절까지는 그 내적 동기를 위해서 무언가를 쌓아가는 시기여야 한다.

수업 도중, 아이들에게 부모님께 듣고 싶은 말이 무엇인지 물어본 적이 있다. 그 답은 아주 기본적인 말들이었다.

"사랑해.", "잘한다."

다양한 답이 나왔지만 결국 다 이 두 단어로 압축됐다. 아이들은 부모에게 사랑받고 싶다. 그리고 인정받고 싶다. 뭘 하든 잘했다고 칭찬받음으로써 사랑을 확인받고 싶을 것이다.

"그게 뭐야? 좀 더 잘해야지."

"여기까지 하라고 했는데, 왜 다 안 했니?"

"이것도 아직 모르면 어쩌자는 거야."

이런 질책은 아이를 슬프게 만든다. 그리고 '나는 해낼 수 없을지도 몰라'라고 생각하게 만든다. 아이는 부모님께 잘했다는 말을 듣기 위해 나름 노력하고 있을 것이다. 다만 부모의 기대만큼 못 따라갈 뿐이다. 그래서 기대를 낮추면 칭찬해줄 것이 너무도 많다. 학습지 분량 3쪽을 1쪽으로 줄임으로써, 1분 안에 다 하기를 기대하는 대신 해낼 때까지 기다려줌으로써.

아이들에게 필요한 건
혼자서 애쓰는 시간

솔직하게 고백한다. 나는 게으른 엄마다. 아이를 위한다는 마음 하나로 에너지를 쏟아붓고 희생하지는 못한다. 평소에도 에너지가 많이 들겠다 싶은 건 일단 주저한다. 대신, 최소한의 에너지로 최대의 효율을 뽑아내는 것을 좋아한다. 물건을 살 때 가성비를 따지듯, 육아를 할 때도 그렇다.

처음부터 그런 것은 아니었다. 엄마가 되자 더 이상 짜낼 수 없을 만큼의 에너지를 들여 내 온 시간을, 아이를 위해 써야 했다. 그렇게 최선을 다하다 소진된 에너지는 나를 짜증쟁이로 만들었다.

나의 예민함과 스트레스가 가족에게 향하자, 차라리 게을러지기로 했다. 집안일은 대충대충 하기로 했다. 아이가 혼자 놀아도 지켜보기로 했다. 자기 전에 책도 좀 덜 읽어주기로 했다. 엄마가 게을러지자 아이들이 혼자서 애쓰는 시간이 길어졌다. 우리 아이들이 어릴 때부터 스스로 할 수 있는 데에는 칭찬이 큰 몫을 했다. 아마 양말 뒤꿈치를 맞추지 않았다고, 옷을 어울리지 않게 입었다고, 한 소리 했다면 어떻게 되었을까? 나는 아이가 아무렇게나 입어도 칭찬했다. 그 칭찬에 아이는 신이 나서 내일도, 또 내일도 혼자서 입겠다고 했다. 덕분에 더 게으를 수 있었다.

게으르다고 해서 자녀 교육에 대해 방임을 한 것은 아니다. 그래서도 안 된다. <u>한정된 에너지 안에서 가장 중요한 것에만 에너지를 쓰고 나머지에는 여유로워지자는 것이다.</u>

내가 중요시했던 것 중 하나는 책이었는데, 여기서도 조금씩 힘을 빼나갔다. 직업 특성상 나는 목이 약하다. 매일 수업하다보니 말을 많이 해서 얻은 직업병이다. 우리 아이들에게 책을 읽어줄 때 세 권을 넘기기가 힘들었다. 줄글 책이 아닌 짧은 그림책인데도 그랬다. 처음에는 목이 좀 아프고 귀찮더라도 읽어줘야지 싶었다. 그러다 게을러지기로 결심하며 한두 권만 읽고, 내려놓았다. 처음에는 책을 더 읽어달라고 아우성이었다. 미안하지만 엄마가 힘들어서 안 되겠다고 말하고는 그만두었다. 곧 아이들은 엄마가 내려놓은 책을 스스로 이어 읽었다. 단, 책을 한두 권밖에 안 읽어주는 대신, 엄청 재미있게 읽어주었다. 동화 구연 수준이었다. 사실 애써서 한 것은 아니었다. 그렇게 읽어야 내가 재미있었다. 아이에게 책을 읽어줘야 하는 힘든 시간 대신, 연기력을 뽐낼 수 있는 즐거운 시간으로 만든 것이다. 더 많은 책을 읽어주는 것에 목표를 두었다면 하지 못했을 일이다.

책을 그렇게 재미있게 읽어주고는, "오늘은 여기까지"라고 말하고 책을 덮어버리면, 아이들은 안달이 난다. 그리고 스스로 읽기 시작한다. 어느 순간부터는 첫째가 동생에게 책을 읽어주기 시작했다. 7살짜리가 엄마 흉내를 내가며 열심히 목소리를 바꿔가며 읽어주는 모습에 절로 미소가 지어졌다. 초등학생이 되자 엄마보다도 더 실감나게 동화 구연을 했다. 그런 누나가 읽어주는 책을 동생은 참 좋아했다. 둘의 사이도 좋아졌다. 나는 그런 아이들에게 옆에서 칭찬을 한 스푼 얹어주기만 하면 됐다.

"이야! 우리 소은이 아나운서 해도 되겠는걸?"

"어떻게 엄마보다 더 잘 읽을 수가 있지?"

"동생에게 책 읽어주는 누나는 너밖에 없을 거야!"

그리고 곧 둘째도 엄마와 누나처럼 책을 낭독하고 싶어 했다. 이제는 서로 책을 붙잡고 한 쪽씩 번갈아 읽으며 논다. 학원도 거의 안 다니고, 미디어는 제한된 우리 꼬맹이들이 하루에 가장 많이 했던 것은 독서다. 책이 가장 좋은 놀이 도구인 셈이다.

나는 학부모 상담 때도 아이에게 필요한 것을 먼저 제공하는 대신, 아이들이 스스로 알아서 할 기회를 갖도록 여백을 두어볼 것을 권한다. 이렇게 되면 엄마도 편해서 좋고, 아이들은 자기 주도적으로 크는, 멋진 육아가 펼쳐진다. 육아 휴직 기간이 끝나고 복직을 하고 보니, 더욱 확신이 들었다. 1학년 아이들은 입학하자마자 대부분의 학교생활을 혼자 해낼 수 있어야 한다. 혼자 해본 경험이 적어서, 자주 도움이 필요한 아이는 스스로 위축된다. 혼자 잘하는 아이들은 적극적으로 친구를 도와주거나, 자신감 있게 생활한다. 그런 교실 상황을 늘 보다보니, 육아의 방향에 더 확신이 섰다.

부모 입장에서 여덟 살은 아직 너무 어리지만, 학교에서는 다르다. 엄연한 학생으로 사회적 입지를 다져나간다. 어른들이 보면 그저 8시 반에 등교해서 점심 때면 집에 오는 짧은 하루를 보내고 오는 것 같지만, 교실 속에서 종일 부대껴보면 안다. 아이가 그 시간 동안 얼마나 많은 판단을 하고, 스스로 결정하고, 행동하고, 책임져보고, 경험해나가는지. 그 시간 동안 아이들은 정말 많은 것들을 느끼고 배워간다. 초등학교에 입학하면 갑자기 아이가 쑥 크는 느낌이 드는 이유다.

나는 교실 안과 밖에서 좋은 양육에 대해 이렇게 말한다. 부모는 조바심 내지 않고, 아이는 작은 성공을 많이 하는 육아가 아이에게 도움이 된다고. 부모가 말로 흥을 조금만 돋우면, 아이들은 신나게 열심히 자랄 수 있다. 내가 에너지를 다 갈아 넣었을 땐 오히려 부작용이 왔는데, 반대로 힘을 뺐더니 더 좋은 작용을 일으켰다. 교육자인 우리 부부는, 아이들을 재우고 거의 매일 육아에 대해 의논한다. 교육자 부부가 자신들의 자녀를 잘 키워보겠다고 얼마나 머리를 싸매고 매일 밤 이야기를 나누는지 모른다. 우리의 결론은 이렇다.

부모가 먼저 애써 이끌고 가려 하지 말자. 불안해하고 초조해하지 말자. 그냥 좀 기다려주어도 괜찮다. 아이들은 자신들의 속도에 맞춰 충분히 잘 커나갈 것임을 믿어주자. 그리고 자존감이 충만한 아이들로 키워내자. 힘을 빼자. 내가 뺀 힘만큼, 아이가 채워줄 것이다.

아이의 자존감을 높이는 말은 이렇게 해주세요

믿을 수 있는 어른이
되어야 하는 이유

대부분의 부모들은 아이의 자존감이 중요하다는 것을 이미 안다. 자존감 높은 아이로 키워주어야겠다고 생각하는 부모들도 많다. 그리고 그 자존감을 높여주기 위해 무작정 칭찬을 해본다. 그렇지만 아이에게 늘 칭찬만 해줄 수는 없는 노릇이다. 게다가 칭찬만으로 아이의 자존감을 유지시키는 데에는 한계가 있다. 아이는 커나가면서 부모의 칭찬만으로 자라지 않는다. 오히려 집 밖으로 나아가 활동을 하면서, 부모님 말에 의심을 품게 될지도 모른다.

두 가지 예시를 두고 비교해보자.

말이 늘 왔다 갔다 하는 신뢰 없는 엄마가 아이에게 "우리 아들이 제일 잘하더라? 최고야!"라고 칭찬해주는 경우. 그리고 늘 칭찬을 남발하는 엄마가, 아이의 자존감을 세워주겠다고 또 한 번 더 칭찬하는 경우. 두 말 중 어떤 것이 아이의 자존감을 높여줄 수 있을까?

교사로서 이야기하자면 두 방식 다 잘못되었다. 첫 번째 엄마의 말은 아이가 엄마의 칭찬을 믿을 수 없게 한다. 두 번째 엄마의 아이는, 우리 엄마는 늘 칭찬하니까 이번에도 의례 그런다고 생각한다. 그 칭찬이 크게 와닿지 않을 것이다.

교사로서 부모들께 전하고자 하는 첫 번째 원칙은 말에 무게를 싣자는 것이다. 부모가 아이에게 어떤 말을 해주든, 가장 먼저 이것이 있어야 한다.

부모가 아무리 많은 말들을 해도, 아이가 신뢰하지 못한다면 그 말은 소용없다. 그냥 아이를 스쳐서 흩어져버린다. 많이들 알고 있는 마시멜로 실험의 사례를 보자. 이 연구는 아이에게 마시멜로를 "지금 하나 먹을까, 기다렸다가 두 개 받을까?"를 선택하게 하는 방식이었다. 초기 연구에서는 이러한 만족 지연 능력을 보이는 아이들일수록 학업 성취, 스트레스 관리 등 여러 영역에서 좋은 결과를 보였다는 장기 추적 관찰이 발표되면서, '참을 줄 아는 아이가 나중에 더 성공한다'고 해석되곤 했다.

그러나 후속 연구들이 이어지면서 이 해석은 크게 달라졌다. 아이가 기다릴 수 있느냐 없느냐의 핵심은 '참는 힘'이 아니라 '어른을 얼마나 신뢰할 수 있나'였다. 실험 전에 어른이 약속을 지키는 모습을 본 아이들은 오래 기다렸고, 약속을 어기는 모습을 경험한 아이들은 거의 기다리지 않았다. 아이들은 '먹고 싶은 욕구'를 이기지 못해서가 아니라, '정말 두 개를 받을 수 있을까?', '이 어른의 말은 믿을 만한가?'를 먼저 판단했던 것이다.

나는 3부에서 교사가 아이의 자존감을 높일 때 쓰는 말들을 소개할 것이다. 그것을 적용할 때에 부모의 말에 무게가 없다면, 이처럼 효과는 떨어진다.

이 책을 읽고 있을 부모들에게 강조하려는 1원칙이자 1단계는 말에 무게를 싣는 것이다. 그렇다면 말의 무게는 어떻게 만들어질까. 말에 무게가 있다는 것은, '우리 부모님이 말하는 건 진짜야'라고 느끼게 하는 것이다. 이런 신뢰를 얻으려면, 일관성이 있어야 한다. 한 번 내뱉은 말은 웬만해서는 지켜야 한다.

예를 들어 엄마가 "너 오늘 숙제 다 하면 500원 줄게"라고 말했다고 하자. 그런데 숙제하지 않고도, 졸라대니 500원을 줬다. 그러면 아이가 엄마의 말을 지켜도 되는 것으로 생각할까? 반대로 숙제를 다 했는데도, 말을 안 들었다며 500원을 안 준다. 그러면 아이는 다음부터 엄마의 말을 믿고 숙제를 할까? "숙제하면(조건) 500원을 주겠다(보상)"고 정했으면 그대로 지켜줘야 한다. 그러면 아이는 엄마를 믿고 500원을 기대하며, 좀 힘들어도 참고 숙제할 것이다.

또, "오늘도 밖에서 소리 지르고 화내면 바로 집으로 돌아올 거야"라는 말을 하고 나들이를 한 상황이라고 가정하자. 설사 입장료를 지불하고 들어갔더라도 아이가 잘못된 행동을 하면 바로 집으로 돌아와야 한다. 물론 부모 입장에서는 이미 낸 입장료가 매우 아깝지만, 이날 한 번 입장료를 포기하면 다시는 힘들게 소리 지르는 아이와 실랑이할 일은 없을 것이다. 아이는 그 한 번의 경험으로 인해, '우리 부모님은 정말로 내가 잘못된 행동을 하면 집으로 돌아가는구나' 하고 뼈저리게 깨달았을 테니까 말이다.

말의 무게란 이런 것이다. 내 말에 신뢰를 주는 것. 그것을 위해서는 말하는 양육자에게 일관성이 있어야 한다. 간단하지만 자주 잊기 쉽다. 우리는 아이를 너무도 사랑하기 때문에 늘 융통성을 발휘하고 싶어지기 때문이다. "말 안 들으면 이거 안 줄 거야!"라고 해놓고서 침울해 있는 아이를 보면, '이번 한 번만 봐줄까?' 하는 마음이 올라온다. 그런데 아이는 그렇게 흔들려버린 부모를 '우리 엄마는 내 마음을 정말 잘 알아줘! 최고야!'라고 생각할까? 잠깐은 그렇게 생각할지도 모른다. 그렇지만 아이가 학습하는 것은, '우리 엄마는 내가 조금만 조르면 그냥 해준다니까? 이번에도 그냥 졸라봐야지'가 된다. (단, 잘못된 판단으로 내뱉은 말인데도 말의 무게를 위해 끝까지 고집하거나 우기는 일은 경계하자.)

그러면 아이에게 자존감을 높여주는 말을 진심을 담아 해주고 싶은데, 그 말이 정말로 아이에게 의미가 있으려면 어떻게 해야 할까? 나는 학부모들께 평소에 일관성 있는 말로 아이를 훈육하면서, 정말로 필요할 때만(이 부분은 꼭 가르쳐야겠다는 생각이 들 때) 칭찬을 해주기를 권한다.

나는 우리 아이들에게 "엄마는 네가 스스로 해야 할 일부터 하고, 뿌듯한 마음으로 자유 시간을 보내는 사람이었으면 좋겠어"라고 말하고, 함께 규칙을 정했다. 물통 정리, 알림장 확인, 내일 가방 준비. 이 세 가지를 스스로 하면, 하루에 용돈 500원을 주기로. 그리고 엄마가 할 일은, 아이가 다 했다고 했을 때 500원을 건네는 것이다. 힘들게 잔소리하거나 에너지를 뺄 필요는 없다. 만약에 규칙을 정했는데 하지 않는다? 그러면 안주면 된다. 그러다 어느 날 해냈다면 500원을 주면 된다. 만약에 아이가 500원을 받기로 했는데도 하지 않는다면, 그건 아이에게 효과적인 보상이 아닌 것이다. 아이가 500원을 받는 것보다 게임 30분하는 것을 더 멋진 보상이라고 여긴다면 그것으로 바꾸는 것이 효과적이다. (단, 이런 물질적 보상은 초기 습관 형성용 등으로 적절하게 써야 한다. 장기간 하는 건 추천하지 않는다.)

아이는 부모가 보상을 지켜서 제공해줬을 때, 부모님의 말을 믿을 수 있다고 느낀다. 만약 아이가 일주일 동안 빼놓지 않고, 과제를 해냈다면, 엄마 아빠가 놀라는 표정으로 진심 어린 칭찬을 건네보자.

"우리 ○○이는 일주일이나 잊지 않고 해낼 수 있는 사람이구나!

이 나이에 그러기 쉽지 않은데 정말 대견하다! 엄마가 잔소리하지 않고도 스스로 해줘서 엄마도 참 고맙네. 우리 ○○이 정말 멋지다."

정말 필요할 때 진심을 다해 건네는 칭찬은 아이의 마음에 깊게 박힌다. '나는 일주일이나 해낼 수 있는 사람이구나. 나는 정말 멋진 사람인가 보다'라고 스스로를 생각하게 된다. 사실은 용돈을 받고 싶어서 한 것이지만, 결론은 나는 멋진 사람이라는 기억이다. 맞는 말만 하는 엄마가 그렇게 말했으니까.

만약 아직 부모의 말에 무게가 없다면, 차선으로 다른 무게 있는 사람의 말을 빌릴 수도 있다. 그 이야기는 4부의 내용을 참고하면 학부모들께 도움이 될 것이다. 우선 지금은 아이에게 일관성을 보여주어 '말의 무게'부터 쌓아야 함을 꼭 기억하자.

잔소리를 잠깐 참고
스스로 깨닫게 하는 법

부모님, 상사, 또는 선배의 잔소리를 온전히 감사해하며 받아들일 수 있는 사람은 없다. 잔소리라고 인식되는 순간 듣기 싫은 소음이 될 뿐이다. 긴 연설은 지루하고 머릿속에 남지 않으나, 우연히 본 명언 한 줄에 마음이 움직인 적이 있을 것이다. 아이들도 마찬가지다. 매번 잔소리로 이어지는 부모의 말들은 그저 허공에 흩어져버릴 뿐이다.

철수(가명)는 시험을 앞둔 어느 날, 처음으로 커닝을 해보기로 마음먹었다. 친구와 함께 공부를 나누어서 하고 서로 답을 알려주기로 한 것이다. 그 내용으로 실컷 전화 통화를 했는데, 끊고보니 창문 너머로 아버지의 귀가 보였다. 그러나 아버지는 그 자리에 서서 한동안 움직이지 않았고, 철수에게 그 어떤 말도 하지 않았다. '아빠가 다 들었구나. 나를 어떻게 생각하실까. 이때까지 받아온 점수도 다 이런 식으로 받은 거라고 생각하실지도 몰라.' 혼자서 마음 졸인 철수는, 다시는 떳떳하지 않은 일을 하지 않겠노라 다짐했다.

이 이야기의 철수는 바로 내 남편이다. 나였다면 아이를 불러 앉혀서 일장 연설하지 않을 수 있었을까. 전화 통화가 끝났음에도 자리를 뜨지 않고 계속해서 창문 옆으로 삐죽 나온 귀만 보여주고 있었던 아버지는, 아들이 아빠의 귀를 발견하기를 바라고 스스로 깨닫기를 바라면서, 잔소리 대신 침묵을 선택했을 것이다.

교육학에는 루소의 자연벌natural punishment이라는 개념이 등장하는데, 바로 이것이다. 자신이 선택한 결과로 생기는 나쁜 사태를 겪으면서 자연적으로 벌을 받게 된다는 것이다. 남편은 자신이 선택한 결과로 인해 마음을 졸이며 자연벌을 받았다. 아버지는 벌을 준 적이 없다. 그저 스스로 죄책감을 온전히 느낌으로서 다시는 하지 않겠다는 마음을 먹은 것이다. 잔소리 대신 스스로 깨닫게 하는 것. 그게 아이들에게 필요한 진짜 교육이다.

아이를 바꾸고 싶다면 부모의 입에서 나오는 잔소리 대신, 스스로 깨닫고 본인 입으로 말할 기회를 주어야 한다.

등교 시간의 흔한 풍경을 떠올려보자. 아이가 양말을 신지 않겠다고 고집을 부린다. 지각할까 봐 안달이 난 엄마는, "양말을 안 신으면 발 시리잖아! 맨발로 찝찝해서 신발을 어떻게 신어?" 하며 억지로 신기기 시작한다. 그런 엄마의 조급한 모습을 본 아이는 생각한다. '엄마의 약점을 파악했어. 나는 끝까지 내 고집대로 해야지!' 그리고 '어차피 엄마는 마음이 급하니 내 말을 들어줄 거야!'라고 생각하며 더 기고만장해진다. 반대로 엄마가 태연하다면 아이가 되레 불안하다.

"그래? 양말 신지 않을 거야? 알겠어. 그냥 가."

아이는 고집을 피우고 싶었지만 돌연 허무해진다. 도리어 스스로 '정말 양말을 안 신고 가도 될까?' 하고 불안해질지도 모른다.

우리 아이들은 바쁜 등원 시간에 어깃장을 놓는 법이 잘 없었다. 엄마에게 통하지 않는다는 것을 일찍 깨달았기 때문이다. 아이들은 본능적으로 부모의 약점을 잘 파고든다. 아침에 엄마가 얼마나 서둘러 나를 학교에 보내고 싶어 하는지 잘 알고 있다. 그래서 등원과 등교 전쟁이 흔한 것이다. 나도 같은 일을 겪었다. 꺼내놓은 옷을 입기 싫다고 아이들이 떼를 부릴 때는 "그럼 네가 입고 싶은 옷 꺼내 입어"라고 말했다. 더 말할 필요가 없었다. 양말도 신지 않겠다고 했다. "그래 그럼 맨발로 가. 그렇지만 불편할 거야. 불편할 때 신을 수 있도록 가방에는 넣어줄게." 나는 그렇게만 말했다. 실랑이할 필요는 없었다. 한겨울에 반팔을 입겠다고 할 때도, 잠바를 안 입고 가겠다고 할 때도 마찬가지였다. "아마 불편해질 거야. 엄마 말이 맞는지 한

번 느껴봐" 하고 그냥 보내는 것이다. 만약 여벌을 넣지도 말라고 떼를 쓴다면 그냥 보내도 된다. 다만 엄마로서 면이 있으니, 선생님께 미리 어찌 된 영문인지 말씀드려놓고, 하루치의 불편함을 견뎌보도록 그냥 보냈다. 그러면 아침부터 엄마도 힘 뺄 일 없고, 아이도 악쓸 필요가 없다.

애써 동동거리며 아이를 챙겨줄 에너지가 없었기 때문이었던 것 같기도 하지만, 어찌됐건 결과는 좋았다. 아이들은 이제 본인 입으로 말한다.

"정말로 엄마가 말한대로였어, 엄마. 엄마 말이 다 맞아!"

그러면 다음부터는 엄마의 말을 거스를 필요가 없어진다. 엄마의 조언대로 하는 게 본인에게도 더 좋은 일임을 알기 때문이다.

알고 있으나 실천이 쉽지는 않다. 나도 별반 다르지 않은 평범한 부모다. 다만 오랜 기간 학교에서 아이들에게 말로 지도를 해왔고, 늘상 하는 것이 생활 지도였기에 깨달은 바가 있다. 경험상 길게 하는 잔소리는 들이는 에너지에 비해 효과가 낮다. (교육과 잔소리는 다르니 구분하자. 교육적 지도는 긴 시간이 필요하기도 하다.)

대부분의 경우, 간결하고 분명하게 강조하는 것이 더욱 효과적이었다. "짧고 굵게!"라는 말이 유행이던 때가 있었지 않나. 우리 어른들의 잔소리도 그렇게 해야 한다. 잔소리가 길어도, 짧아도, 아이들에게는 어차피 여러 번 이야기해주어야 한다. 그러니 에너지를 많이

들여 길게 말하는 대신, 짧게 여러 번 말하는 게 부모와 아이 모두에게 좋다.

영국 노스웨일스대학교의 심리학 교수인 개더콜Gathercole은 자신의 연구 논문*에서, "아동의 작업 기억 용량은 제한적이므로 장황하고 긴 설명은 기억에 남지 않으며 핵심 메시지가 전달되지 않는다"고 했다. 따라서 부모의 말 역시 길고 반복적일 경우 교육적 효과가 낮아지고, 짧고 구체적으로 전달될 때 아이의 이해와 실행 가능성이 높아진다는 것이다. 또한, 시애틀의 워싱턴대학교 심리학 교수인 캐럴린 웹스터-스트래턴Carolyn Webster-Stratton이 발표한 논문에서도** "부모가 명확하고 긍정적인 지시를 사용하고 일관성 있는 훈육을 할 때 아이의 행동 문제가 개선된다"고 밝혔다.

이렇게 잘 알고 있는 나도 가끔 깜빡하고 잔소리를 늘어놓는다. 우리는 자주 잊고, 실수한다. 그렇지만 스스로 '나는 못난 엄마야'라고 자책할 필요는 없다. '아, 그렇지. 또 내가 지나치게 말해버렸네' 하고 깨달을 수 있는 멋진 부모니까 말이다.

*   Gathercole et al. (2004), Working memory skills and educational attainment

** Webster-Stratton, C. (1998). Preventing conduct problems in Head Start children: Strengthening parenting competencies.

말할 준비와
들을 준비

종종 아이를 내 뜻에 따르게 하기 위해서 대화를 시도할 때가 있다. 그러나 때를 잘못 맞추면 독이 된다. 아이 입장에서는 대화를 가장한 강요, 혹은 잔소리로만 들릴 수도 있기 때문이다. 가장 최악은, 아이의 감정이 격해져 있을 때 대화를 시도하는 것이다. 부모가 아이 눈치까지 봐야 하나 싶을 수도 있다.

교사인 나에게도 예외는 없다. '눈치껏'이라는 건, 타이밍을 말하는 것이다. 지금 말을 했을 때, 먹힐 타이밍인지 아닌지를 부모가 포착하는 것이다. 같은 말이라도 아이가 받아들일 준비가 안 되었을 때 하면 오히려 부작용이 난다. 다 큰 어른인 부모도 부부싸움을 할 때 그렇지 않은가. 감정이 안 좋은 상태에서 집이 왜 이렇게 어지럽냐는 등 입을 대면 곱게 들릴 리가 없다. 하물며 아이들은 어떨까. 부모의 잔소리를 밀어낼 준비를 하고 있는데, 그 잔소리를 결국 듣는다면? 아이는 '역시 우리 부모님은 잔소리밖에 안 해. 그런 말할 줄 알았어. 뻔하지 뭐'라고 생각하며 앞으로 더 적극적으로 밀어낼 것이다. 부모와 아이의 말이 맞부딪히며 싸움으로 번지기까지 한다. 감정싸움으로 변질되기 십상이다. 이 얼마나 허무한 일인가. 애정을 다해 키운 아이가 나와 맞서 싸우다니. 가족 간의 싸움은 특히 이런 경향이 있다. 어떤 말이 오갔는지, 왜 싸웠는지는 기억이 잘 나지 않는다. 단지, 그때 받았던 안 좋은 감정만이 짙게 남아 오래 기억된다. 그러니 서두르지 말자.

교사인 나는 아이가 들을 준비가 되었는지 가늠하기 위해 미리 이런 것들을 점검한다. 첫째, 아이의 감정이 차분해진 상태인가? 둘째, 말을 건넸을 때 흔쾌히 대답하는가? 셋째, 아이가 스스로 생각해볼 시간을 가졌는가?

내가 아이에게 말할 준비는 되었는지도 살필 수 있어야 한다. 나는 학부모 상담에서 아이와 대화가 필요할 때, 특히 아이에게 부모의 의견을 전달해야 할 때 먼저 이런 것들을 살펴봐달라고 한다.

"첫째, 온화하게 말할 준비가 되었는지 살펴주세요. 둘째, 이미 여러 번 했던 말은 아닌지 생각해주세요. 셋째, 부모님이 아이에게 알려주고 싶은 핵심이 무엇인지, 말이 길어지지 않게 간단명료하게 정리해주세요."

아이가 준비가 안 되었는데, 안달 나서 먼저 다가가 쏟아내지 말자. 안타까워서 얼른 말해주고 고쳐주고 싶은 마음은 백분 이해한다. 나도 엄마로서 그랬으니까. 그렇지만 교사의 시선으로 보기에 그것이 가장 안 좋은 타이밍이다. 그럴 때 다가가서 아무리 설득해보려 하거나 대화를 시도해보려 해도 소용없다. 그럴 때는 잠시 내버려두어야 한다. (즉시 제지해야 하는 상황은 예외이다.)

나는 아이가 감정이 격해져 있거나, 화가 나 있을 때 다가가서 바로 달래주지 않는다. "방에 가서 실컷 울고 차분해지면, 히고 싶은 말을 정리해서 다시 와"라고 말해준다. 물론 바로 다가가서 안아주고 달래줘야 할 상황도 있지만, 자랄수록 스스로의 감정을 돌아보고 생각해볼 시간을 주는 것이 좋다. 특히 부모에게 불만을 표하거나, 떼쓰고 우는 상태라면 더욱 그렇다. 감정이 격해진 아이를 마주하면 부모 또한 격해지기 쉽다. 부모의 마음 또한 누그러뜨리고 보호하는 것이다.

이렇게 말하는 나도 가끔 딸아이와 싸운다. 지난 방학, 딸아이를 위해, 동네 예술인 강좌를 신청했다. 무료로 인근의 예술인들이 이런저런 체험을 시켜주는 강좌였다. 무료인 데다가, 우리 아이가 좋아할 내용이라는 확신이 강하게 들었다. 엄마와 딸이 함께 들을 수 있는 흥미로운 강좌라는 생각이 들어서 얼른 신청했다. 수업 당일이 되자, 딸아이는 "토요일인데 왜 무언가를 배우러 가야 하느냐며 가고 싶지 않다"고 했다. 내 종용에도 딸아이는 끝까지 가지 않겠다고 고집을 부렸다. 보통의 나였다면 "그래, 그럼 가지 말자"라고 했을 텐데, 당일에 갑자기 취소할 수는 없었기에, 딸아이를 설득하고 또 설득하여 출발했다. 운전하는 내 옆에서 딸아이는 내내 툴툴거렸다. 결국 나도 뿔이 났다. "이게 엄마 좋자고 하는 거니? 너에게 도움 될 만한 경험시켜주겠다고 그러는 거지!"라는 말로 시작해서 긴 잔소리가 시작되었다. 딸아이는 지지 않고, 엄마가 마음대로 신청해놓고 왜 억지로 데리고 가느냐며, 가서 절대로 원하는 대로 있어주지 않겠다고 화를 냈다. 감정이 격해진 우리 모녀는 서로 하고 싶은 말만 내뱉었다.

그러다 이게 뭐하는 짓인가 생각했다. 잠시 숨을 고르고, 딸아이에게 5분 동안 서로 말하지 말자고 제안했다. 그동안 딸아이에게 꽤 씸했지만, 머릿속으로 짧고 굵게 말할 것을 정리했다. 5분이 흐르고 차분한 목소리로 딸아이에게 말했다.

"엄마는 너와 서로 싸우는 사이가 되고 싶지 않아. 세상에는 가족이라고 함부로 말하고 편하게 화를 내면서 싸우는 집이 많지. 그렇지만 엄마는 딸과 그렇게 지내고 싶진 않아. 엄마는 가족 간에도 예의가 중요하다고 생각해. 엄마는 너를 키워주는 사람이야. 그러니 부모님께 대한 예의는 지켜줬으면 해."

딸은 나의 톤에 맞추어 누그러진 목소리로 말했다.

"엄마도 화를 냈잖아…."

나는 딸의 말에 엄마도 화낸 것은 미안하다고 사과했다. 그리고 하고 싶은 말이 있으면, 화를 내지 않고 말하는 것이 서로의 마음을 전달하는 데 더 효과적이라고 말해주었다. 4학년이 된 딸아이는 내 생각보다 훨씬 성장해서, 이제 논리적으로 반박했다. "내가 하고 싶지 않다고 이야기를 해봤자 소용없는 거잖아. 엄마는 끝까지 예약했기 때문에 가야 한다고 말할 거잖아."

맞는 말이었다.

"다음부터는 엄마 마음대로 예약하지 않을게. 그리고 이왕 가야 하는 거면 좋은 마음으로 가자. 갔다가 정말로 네가 힘들다 싶으면 양해를 구하고 일찍 집으로 돌아오자."

그날 딸아이는 4시간 동안 시간이 가는 줄 모르고 즐겁게 참여했다. 집으로 돌아오는 길에 그런 딸아이를 아끼지 않고 칭찬해줬다. 네가 직접 만든 음악이 정말 멋지다고. 4시간이나 수업에 집중해서 참여한 게 정말 대단했다고. 너는 이렇게 잘하는 게 많은 아이라고. 딸은 환히 웃으며 집으로 돌아와, 오늘 자신이 만들어온 결과물을 다른 가족들에게 내내 자랑했다.

아이가 떼를 부리거나 부모와 말싸움 비슷한 것을 할 때 이런 시간의 텀은 중요하다. 아이가 이미 화가 나서 씩씩거리거나 버릇없이 대들고 있을 때 부모는 화가 머리끝까지 난다. 그렇다고 아이에게 그대로 맞설 필요는 없다.

"너 지금 태도가 안 좋구나. 방에서 혼자 생각 더 해보고 제대로 네 생각을 전달할 수 있을 때 다시 나와서 말해."

이렇게 말하고 외면해주면 된다. 아이의 기질에 따라서 "절대로 엄마에게 말 걸지 않을 거야!" 하며 몇 시간씩 기분을 풀지 않을 수도 있다. 그렇지만 이것도 몇 번 반복되면, 점점 시간이 줄어든다. 혼자서 그렇게 씩씩대며 오래 버텨봤자 득 되는 것이 하나도 없음을 스스로 느끼기 때문이다.

교실에서도 이것은 효과적인 방법이다. 감정 조절을 못 하여 문제를 일으키는 학생에게 잠시 타임아웃을 시키고, "네가 제대로 차분히 이야기할 수 있을 때 다시 오렴"이라고 말하면 처음에는 눈에 쌍심지를 켜고 버티던 아이들도, 점점 조절할 줄 알게 된다. 본인이 그렇게 온 힘을 다해 나쁜 기분을 풍기고 있을 동안, 아무도 자신의 기분을 풀어주려 노력하지 않고, 나머지 친구들은 즐겁게 놀고 있기 때문이다. 결국 스스로 감정을 조절하는 수밖에 없음을 몇 번 반복해서 느껴야 한다.

그리고 아이가 감정이 누그러져서 다가왔을 때, 그때가 기회다. 아이에게 제대로 무언가를 말해줄 기회 말이다. 너는 이렇게 스스로 조절할 수 있는 멋진 아이라고. 너는 스스로 반성할 줄 아는 대단한 사람이라고.

　말에 무게가 있는 사람이, 적절한 타이밍에 말해주는, 짧고 굵은 말은 엄청난 영향을 준다. 여기까지 할 수 있다면 이제, 내 아이를 위한 말을 전해줄 차례다. 이제 한 발 더 나아가보자.

안정적인 아이로
자라게 하는 울타리

"목장에서 양들이 뛰어논다. 양치기 또한 여유롭게 그 모습을 흐뭇하게 바라본다."

"들판에서 양들이 급히 풀을 뜯는다. 양치기 또한 불안하기 그지없다."

이 두 문장에서 느껴지는 풍경은 왜 이리 다를까?

첫 번째 목장에는 울타리가 쳐져 있고, 두 번째 목장에는 울타리가 없기 때문이다. 양들이 뛰어놀 수 있는 울타리가 쳐진 목장에서는 걱정할 것이 없다. 양도, 양치기도, 양몰이 개조차도. '아무도 이 울타리를 침범하지 않아. 우린 이 울타리 안에서 안전해'라는 걸 알기 때문이다.

두 번째 목장에는 울타리가 없다. 언뜻 생각하기에는 울타리를 쳐놓으면 양들이 더 갑갑하지 않을까, 울타리가 없는 곳에서 더 신나게 뛰어놀 수 있지 않나, 하는 생각이 든다. 그러나 울타리가 없는 곳에서는 늘 위험이 도사린다. 언제 늑대가 달려와 우리 중 하나를 물어갈지 알 수가 없어 불안하다. 자유롭게 뛰어놀고 싶지만 여기는 가도 될지, 안전한 경계는 어디까지인지 알 수 없어서 불안하다.

교실에서 나는 학기 초에 아이들과 합의하여 우리 반의 울타리를 만들어놓는다. 친구들의 행동 중에서, 불편한 것과 괜찮은 것을 투표하고 의견을 모아 울타리를 만드는 것이다. 아이들끼리의 울타리도 설정하지만, 교사인 나의 울타리도 알려준다.

"선생님의 울타리는 예의야. 너희가 예의 있게, 정중하게만 말한다면 뭐든 귀 기울여줄 수 있어"라고 알려준다. 그리고 우리 반의 울타리 안에서는 마음껏 자유로울 수 있음을 설명한다. 울타리가 있어야 하는 이유를 말해주면 초등학교 1학년도 이해한다. 그리고 울타리가 있음에 안도한다. 우리 반에서는 어디까지 허용되는지가 명확하기 때문이다. 친구들과 선생님은 어디까지를 괜찮다고 여기고, 어디부터는 불편하게 여기는지 미리 알 수 있기 때문이다.

집에서의 육아도 마찬가지다. 아이들은 제지해야 할 것 투성이다. 그러나 매번 "하지 마. 안돼. 그만하라고 했지?"라고 잔소리하기에는 너무 힘이 든다. 듣는 아이도, 말하는 부모에게도 모두 안 좋은 결과를 낳는다. 말도 습관이다. 계속해서 부정적인 피드백만 주다보면, 계속 그런 말들만 내뱉는 게 익숙해진다. 대신에 어디까지가 허용되고, 어디부터는 절대 허용할 수 없는지를 알려주자. 울타리를 넘어갈 땐 단호하게 규칙을 다시 되새겨주고, 울타리 안에서는 마음껏 사랑을 표현하고 칭찬해줄 수 있다. 부정적인 피드백은 적게, 칭찬은 많이 할 수 있는 부모가 되는 것이다. 그러면 아이 입장에서도 '우리 부모님은 나를 위해 하면 안 되는 행동은 확실하게 끊어주고, 평소에는 사랑을 충분히 느끼게 해주는 분들이야'라고 느끼면서 안정적으로 자라게 된다.

이러한 울타리 원칙은 심리학자 다이애나 바움린드가 제시한 권위 있는 양육 태도와 일치한다. 바움린드는 부모의 양육 태도를 애정과 통제라는 두 가지 축을 기준으로 네 가지 유형으로 나누는데, 그중 권위 있는 양육(높은 애정과 높은 통제)이 가장 이상적인 양육 방식으로 꼽힌다. 자녀의 의견을 존중하며 자율성을 격려하지만, 정해진 울타리를 넘을 때는 단호하게 훈육하는 것이다. 단호한 울타리(높은 통제)와 울타리 안에서의 따뜻한 사랑(높은 애정)을 함께 제공하는 권위 있는 양육 방식이 부모와 아이 모두에게 긍정적인 결과를 가져오는 가장 건강한 양육법이라고 할 수 있다. 이는 아이에게 안정적인 애착을 형성하게 하고, 스스로 행동을 조절하는 능력을 길러준다. 이런 환경에서 자란 아이들은 자존감이 높고 사회성이 좋으며 책임감 있는 성인으로 성장할 가능성이 가장 크다고 한다.

울타리를 설정할 때는 부모가 일방적으로 만들기보다는, 왜 그것은 허용할 수 없는지를 안전이나 타인 배려의 측면에서 아이에게 설명하고 이야기를 나누면 좋다. 한번 그렇게 해놓으면 그다음부터는 짧게, "그건 안되는 거지?!"라고만 말해도 받아들이고 금방 인정한다. 아이와 말씨름하는 대신, 짧은 제지와 긴 성장이 가능하다. 아이와 부모의 관계가 좋아지는 건 물론이다.

아이들이 어릴 때야 부모의 윽박지름으로도 통제가 가능하지만, 사춘기는 금방 찾아온다. 이때 부모와 평소에 관계가 좋지 않거나 안 좋은 기억이 많이 쌓인 아이들은 걷잡을 수 없이, 마치 벼르어온 듯, 부모와의 관계가 틀어진다.

처음 6학년 담임을 맡았을 때 적잖이 당황스러웠다. 사춘기 아이들로 가득 찬 교실에서는 예상치 못한 일들이 자주 일어났다. 이 아이들은 부모에게서도 교사에게서도 통제를 벗어나고 싶어 안달 나 보였다. 졸업을 앞둔 2학기가 되면 더 심해지는데, 친구들과 뭉치면 동조 심리가 생겨 전에 없던 사고도 친다. 그런 아이들에게 울타리는 꼭 필요하다. 충동적으로 울타리를 무너뜨릴 수는 있어도, 곧 합의된 울타리를 무너뜨렸다는 것을 인정하고 반성할 줄 안다.

아이들이 커나가면서 불안하고 흔들리는 것은 경계를 모르기 때문이다. 어릴 때부터 울타리를 알고, 그 울타리 안에서 불안해하지 않아도 됨을 경험한 아이들은 훨씬 안정적으로 성장할 확률이 높다.

부모의 사랑을 듬뿍 받은 아이들은 자존감이 높다고들 한다. 그러나 경계를 모른 채, 어떤 행동을 해도 사랑을 듬뿍 받은 아이들은 이내 불안하다. 사회에서 허용되는 울타리를 가정 안에서부터 가르쳐야 한다. 선을 넘을 때는 단호하게 훈육하고, 바르게 행동하면 긍정적인 피드백을 받는 경험을 충분히 시켜주어야 한다.

요즘은 학교에서 강하게 훈육하지 못하는 실정이다. 아동 학대로 고소를 남발하는 부모들이 교사들의 손발을 묶어버리며 다른 아이들의 훈육조차 막아버렸다. 이제 내 아이를 제대로 키울 수 있는 사람은 오직 우리 부모들뿐이다. 학교에서는 경계를 넘나들며 모두에게 피해를 주는 아이들에게도 말로만 경고를 줄 수밖에 없다. 그것을 보고 '다른 아이들도 뭐 별 처분이 없네?' 하고 동조되어 잘못된 길로 갈 수도 있다. 그렇지 않다는 것을, 자존감을 지키며 제대로 커야 함을, 그게 곧 사회에서 인정받고 떳떳이 살아갈 수 있는 길임을 알게 해주어야 한다. 적어도 이 책을 읽고 있는 독자분들은 우리 아이들을 그렇게 키워낼 수 있는 이들임을 확신한다.

하얀 거짓말에도
필요한 원칙

자, 이제부터 아이에게 신나게 리액션을 해주자. 칭찬도 듬뿍 날리자. 말에 무게가 있는 사람이 날리는 말은 한마디한마디 힘이 있다. 아이가 준비가 된 타이밍에, 짧고 굵게, 울타리 안에서 마음껏 아이를 추켜세워줄 차례다.

성공한 사람들에게는 언제나 믿어주는 조력자가 있었다. 부모이든, 배우자든, 동료든. 관계는 다를지 몰라도 나를 믿어주는 단 한 사람만 있다면 그 힘으로 나아가는 것이다. 아이들도 마찬가지다. 아이에게는 부모가 그 누구보다 큰 존재다. 태어나면서부터 아이에게 부모는 우주다. 아이는 부모라는 창을 통해 세계를 바라본다. 그런 아이들에게 부모의 믿어주는 말 한마디는 큰 힘을 갖는다. '우리 엄마 아빠 말은 정말 믿을 만해. 맞는 말만 한다니까?' 이렇게 느끼는 아이에게 엄마 아빠가 해주는 "너 정말 최고야!"라는 한마디는 아이를 들썩이게 한다. 아이는 정말로 자신이 최고라고 믿을 수 있다.

일타강사로 유명한 모 강사는, 뒤늦게 공부를 시작했다고 한다. 학교에서 매번 하위권에 머무르던 그에게, 그의 어머니는 늘, "너는 서울대 갈 거야"라고 말했다고 한다. 그의 성적으로는 턱도 없는 이야기였다. 그럼에도 어머니는 한결같았다. 뒤늦게 정신을 차려 공부에 매진한 그는 자기 자신조차 믿을 수 없을 만큼 성적이 올랐다. 그리고 정말로 서울대학교에 합격했다. 그는 시간이 흘러 어머니에게 물어보았다고 한다. "엄마는 어떻게 내가 서울대 갈 줄 알았어?" 그의 어머니가 대답했다. "엄마가 어떻게 알았겠어? 몰랐지! 그냥 해본 말이었어."

부모의 말이 아이를 만든다. 물론 서울대학교에 갈 거라는 말을 들은 모든 아이가 그 학교에 합격하지는 않을 것이다. 그러나 부모가 믿어준 아이와 그렇지 않은 아이 중에 어느 아이가 더 성공할 확률이 높을까. 그의 어머니는 거짓말을 했다. 자신도 아들이 정말로 서울대학교에 갈 거라고 생각하지도 않았다고 했다. 그러나 그 거짓말이 아이를 정말로 입학하게 만들었다. 어떻게 그럴 수 있었을까.

부모라면 아이에게 하얀 거짓말을 해본 적이 있을 것이다. 위의 예시 같은 하얀 거짓말은 아이를 북돋아준다. 그러나 이런 하얀 거짓말에도 중요한 원칙이 있다. 바로 거짓말임을 들켜선 안 된다는 것이다. 이 일타강사는 서울대학교에 합격하고도 그 후 오랜 시간 동안 그의 어머니가 거짓말을 했음을 깨닫지 못했다. 그는 어머니가 자신을 정말로 해낼 수 있는 사람임을 믿고 하는 말이라고 생각했다. 그리고 나중에 그것이 거짓임을 알았을 때 놀라움에 입을 다물지 못했다.

하얀 거짓말을 했다면, 아이에게 정말로 부모가 그 말을 믿는다는 연기를 해야 한다. 이 순간 부모는 아이라는 단 하나만의 관객을 위해, 최고의 연기자가 되어야 한다. 눈빛에는 믿음이 가득하고, 표정은 진실해야 한다. 그리고 단 하나라도, 개미만큼의 성취를 해냈을 때, 이렇게 말해주는 것이다.

"거봐! 넌 할 수 있다니까? 시도할 때마다 조금씩 더 잘하게 될 거야. 그리고 결국은 성공할 거야."

온 진심을 담아서 하자.

그리고 이 말을 하는 부모는 스스로 속아야 한다. 뛰어난 배우들은 사랑에 빠진 연기를 하면서, 실제로 그 순간에는 상대를 사랑한다고 한다. 그래야 관객이 몰입할 수 있기 때문이다. 우리도 연기자가 되어보자. 내 눈앞에 있는 이 조그맣고 사랑스러운 존재가 성공할 거라고 정말로 믿는 것이다.

마음속에 '에이, 설마, 말한다고 얘가 되겠어? 날고 기는 애들이 얼마나 많은데. 옆집에 미진이는 맨날 100점 받아온다는데, 50점 받는 우리 애가 무슨' 하는 마음이 올라오더라도 꾹꾹 밀어 넣고, 그런 생각이 든다는 것을 절대 들키지 말고. 아이와 나 자신을 속이자.

말한 대로 되지 않아도 괜찮다. 아이는 기억할 것이다. 우리 부모님은 언제나 나를 대단한 사람으로 인정해주었다는 것을. 그리고 언제고 자신은 할 수 있다는 이상한 믿음이 심어져 있을 것이다.

타로를 공부하던 친구가 우리 아이의 미래를 봐준 적이 있다. 카드를 한 장 넘기더니 이렇게 말했다.

"얘는 나중에 크게 되겠다! 돈도 엄청 많이 벌고, 성공할 거야."

아이는 그 말을 듣는 순간 눈이 동그래졌다. 마치 이미 부자가 된 사람처럼 들떠서는 입꼬리가 내려가질 않았다. "여보, 우리 강률이 진짜 부자 될 거래! 진짜 성공한대!" 일부러 가족들에게 아이가 듣는 앞에서 한 번 더 떠벌렸다. 사실 타로가 얼마나 정확한지, 그런 미래가 정말 올지 알지 못한다. 그러나 아이의 표정은 자신의 미래에 대한 확신으로 채워져가고 있었다.

"그럼 그렇지! 너는 뭘 해도 크게 될 아이야."

가족들의 추임새에 아이는 더욱 기세등등해졌다. 자기 방으로 뛰어 들어가 숙제도 척척 하고, 평소엔 미루던 일도 스스로 처리했다. 마치 '성공할 사람처럼 행동해야 한다'는 신호를 타로 점괘에서 받은 것처럼. 그 후로 한동안 아이는 돈을 벌면 우리 가족을 위해 어떻게 쓸 건지에 대해 행복하게 고민했다.

그 순간 나는 깨달았다. 타로의 결과나 정확한 미래가 중요한 게 아니었다. 아이가 '나는 할 수 있는 사람'이라고 믿기 시작한 것, 그리고 엄마인 내가 그것을 진실로 믿고 연기한 것이 더 중요했다. 우리가 아이에게 심어주는 확신은 종종 사실보다 강력한 미래가 된다.

부모가 한 번 믿어주면, 아이 스스로도 자신을 믿기 시작한다. 그 믿음은 행동을 바꾸고, 결국 결과를 바꾸게 될 것이다.

아이가 꼭 알아야 할
세상의 규칙

성준이(가명)는 입학할 때부터 꽤 폭력적인 학생이었다. 이 아이는 친구가 자신에게 피해를 줬다고 생각하면 참지 않고 달려가서 폭력을 행사했다. 주먹으로 때리는 행동뿐만 아니라, 어느 날은 손톱으로 할퀴기도, 어느 날은 거친 말을 내뱉기도 했다. 학교뿐만 아니라 모든 사회에서 이 행동은 용인될 수가 없다. 성준이를 불러서 상담을 하다 깜짝 놀랐다. 아이의 입에서 나온 말이 뜻밖이었기 때문이다.

"아빠가, 친구가 괴롭히면 그냥 때려버리라고 했어요."

잠시 그 말이 진짜인지 성준이의 표정을 살폈다. 성준이는 진심으로 부모에게 그렇게 배웠고, 자신이 친구를 이겼다고 생각하고 있었다. 왜 본인이 사과해야 하는지도 몰랐다.

"쟤가 먼저 놀렸다고요!" 도리어 억울해했다. 그리고 친구들은 그런 성준이에게 다가가지 않았다.

학교에서 다양한 아이들을 만나보면, 참으로 다양한 가정교육이 있음을 알게 된다. 그중에는 사회적으로 통용되는 상식선의 교육이 아닌, 잘못된 가치관을 배워 오는 아이들도 있다. 물론 사회적으로 통용되는 방식이 우리 아이 기질에 맞지 않을 수도 있다. 내 아이를 위해 해주는 말임은 너무도 이해된다.

부모들은 대부분 자신의 어린 시절을 아이에게 투영한다. 본인과 같은 상처를 입지 않고 대차게 이겨내길 바라는 마음으로 해주는 말일 것이다. 그러나 이제 아이들은 집에서만 배우지 않는다. 집 밖에서 많은 시간을 보내고, 가족 이외의 많은 사람과 관계를 맺는다. 아이에게 사회적 통념과 다른 내용의 교육을 하면, 기관에 가서부터 아이는 혼란스러워진다.

'엄마 아빠는 이렇게 하는 걸 잘했다고 말했는데, 왜 선생님에게는 혼이 나고 있지?'

'나는 집에서 배운 대로 행동하는데 왜 친구들은 나를 피하지?'

그리고 아이는 판단한다. '이제 보니 엄마 아빠가 잘못 가르쳐준 거였어.' 그렇게 부모의 말은 곧 신뢰를 잃고, 아이는 혼돈 속에서 정신을 차릴 수가 없다.

성준이는 매일 더 억울해지고, 매일 더 학교가 즐겁지 않았다. 같이 놀 친구도 없고, 선생님에게 혼나는 일이 반복되었기 때문이다. 성준이의 아빠는 성준이가 이런 아이로 자라기를 바라고 한 말이었을까? 아닐 것이다. 성준이가 친구들에게 괴롭힘 받지 않고, 상처 받지 않는 씩씩한 아이가 되길 바랐을 것이다. 성준이는 친구들에게 괴롭힘 받지 않았다. 그것만이 목적이었다면 성공이다. 친구들이 아예 꺼리는 아이가 되었기 때문이다. 그렇기에 괴롭힘도 없었다.

성준이는 친구들과의 관계에서 성공한 걸까? 그렇지 않다. 오히려 자존감에 심각한 상처를 입었다. 선생님과 친구들이 자신을 인정해주지 않는다고, 싫어한다고 느끼면서 말이다.

학교에서 아이들은 사소한 말부터 놀림까지 다양한 상처를 받는다. 그것을 전혀 겪지 않고 자라는 아이는 없다. 상처를 겪어나가며 대부분의 아이는 점차 자신만의 방법으로 대응하고, 털고 일어나며 면역력을 키워나간다. 성준이처럼 '누구든 나를 건드린다면 응징해줄 테야!' 하고 가시를 세우고 있는 아이들은 면역력을 키울 수가 없다. 부모가 그 역할을 대신해줄 때도 마찬가지다.

요즘은 학교 교과에서도 나의 마음을 표현하는 법, 감정을 조절하는 법 등이 나온다. 교과서에서 배우지 않더라도 교사들이 늘상 지도하기 때문에 아이들이 더 잘 알고 있다. 학교에서 배우는 방식으로 집에서도 함께 지도해야 아이도 혼란스럽지 않다.

많은 선생님들이 학교에서 지도하는 방법들을 소개한다. 갈등 해결을 위해서는 아이들에게도 신호등이 필요하다. "멈추고, 생각하고, 말하자"고 알려주자. 아이의 감정이 격해졌을 때 잠시 멈춰서 생각할 시간을 갖게 하는 방법이다.

빨간불은 멈추기다. 화가 나거나 속상한 감정이 들면, 행동으로 표출하기 전에 일단 멈춘다. 마음속으로 하나부터 다섯까지 세거나, 심호흡하는 것도 좋다.

노란불은 생각하기다. '지금 내 기분이 왜 이렇지?', '내가 이렇게 행동하면 어떻게 될까?', '어떻게 해결하는 게 가장 좋을까?' 하고 여러 가지 해결 방법을 생각해본다. (나-전달법으로 말하기, 선생님께 도움 요청하기, 다른 친구와 놀기 등.) 이때 아이가 선택할 방법들을 붙여두고 고르게 할 수도 있다.

초록불은 선택하고 행동하기다. 생각한 방법 중 가장 평화롭고 좋은 방법을 선택해서 실천에 옮긴다.

가정에서는 이렇게 지도해주기를 권한다. 이 방법은 신호등 그림을 붙여놓고 연습하면 더 효과적이다.

"친구가 장난감을 뺏어서 화가 머리끝까지 나면 무슨 불이지?" (아이가 "빨간불"이라고 하면) "그럼 일단 어떻게 해야 할까?" (아이가 "멈춰야 해요!"라고 한다면) "맞아, 멈춰서 어떻게 할까 생각하는 건 무슨 불이지?"라고 물어보자. (아이가 "노란불!"이라고 말할 수 있게 이끌어

쥐야 한다.) 이런 놀이처럼 접근하면 문제 상황에서 감정에 휩쓸리지 않고, 스스로 해결책을 찾는 건강한 습관을 기를 수 있다.

널리 알려진 나–전달법I-Message은 아이들에게는 다소 어렵게 느껴질 수 있다. 그래서 많은 초등학교에서는 이 나–전달법의 핵심 요소를 따서 행감바(행동, 감정, 바람)라는 기억하기 쉬운 이름으로 바꾸어 가르친다.

행(행동)은 상대방의 행동을 비난 없이 객관적인 사실 그대로 말하기. 감(감정)은 그 행동 때문에 내가 느낀 솔직한 감정을 '나' 주어로 말하기. 바(바람)는 앞으로 나에게 해주었으면 하는 바람(부탁)을 구체적으로 말하기다.

이 세 단계를 거치면 아이는 감정적인 비난 대신, 자신의 마음을 명확하고 논리적으로 전달할 수 있게 된다.

다른 예시로 친구가 급식 줄에 새치기했을 때를 아이와 생각해보자. 아이는 충동적 반응을 보일 것이다.

"야! 너 왜 새치기해? 진짜 짜증 나! 빨리 뒤로 가!"

행감바 공식을 적용하면 이렇게 풀어낼 수 있다.

"네가 내 앞에 갑자기 들어와서 줄을 서니까(행동) 내가 순서를 뺏긴 것 같아서 기분이 안 좋고 화가 나(감정). 내 뒤로 가서 순서를 지켜주면 좋겠어(바람)."

가정에서도 아이와 대화할 때 행감바를 일종의 비밀 코드나 마법 공식처럼 활용해보기를 권한다.

"네가 ( )해서, 내 기분이 ( )했어. 앞으로는 ( )해주면 좋겠어."

인사약(인정―사과―약속)이라는 공식도 있다. 행감바가 친구에게 속상한 마음을 전달하는 거라면, 반대로 인정하고 사과를 하도록 돕는 표현법이다. 가정 내에서도 활용할 수 있다.

"내가 ( )해서, ( ) 사과할게. 앞으로는 (   )할게."

학교에서 배우는 대로 집에서도 일관되게 가르쳐주는 것이 아이가 학교라는 사회에서 가장 훌륭하게 적응해 지낼 수 있는 길이다.

가정의 가치관도 중요하지만, 아이가 처음으로 마주하는 공식적인 사회인 학교의 규칙과 규범을 존중하고 따르도록 가르치는 것이 사회성 발달의 첫걸음이 된다. 사회에서 통용되는 방식에 따라 잘 지내는 것이 인정받고 자존감을 높이는 방법이기 때문이다.

밀었다가
당기는 교육

'밀당'이라는 말은 보통 남녀 관계에서 많이 쓰이지만, 부모와 자식 관계에서도 이 밀당이 필요하다.

첫 번째 종류의 밀당은 단호함과 칭찬을 번갈아 사용하며 훈육하는 것이다. 이를 통해 아이는 어떨 때 인정을 받고, 어떨 때는 외면받는지에 대한 것을 가정에서부터 자연스럽게 배울 수 있다. 잘못된 행동, 타인에게 외면받을 행동을 해서 거부당하는 경험이 쌓이면 자존감은 떨어질 수밖에 없다. 울타리를 벗어난 행동을 할 때는 단호하게 훈육하고, 잘했을 때는 크게 칭찬해주어야 한다.

어느 해에 학교에서 유명한 민준(가명)이가 우리 반이 되었다. 반

배정 결과가 나오자 여러 선생님이 나를 격려해줬다. 부디 민준이가 걱정보다는 괜찮은 아이기를 바라면서 3월 새 학기를 맞았다. 그리고 딱 일주일 후, 진지하게 사직을 고민했다. 단 일주일이었다. 고작 아홉 살짜리가, 중견 교사의 정신 건강을 피폐하게 만들고 평생 몸담은 직업을 내려놓고 싶게 만든 데까지….

반 아이들은 "쟤는 원래 저래요"라고 말하며 이미 체념한 듯 혀를 내둘렀다. 이미 민준이에게 피해를 입어, 다가가기를 꺼리는 학생들이 대부분이었다. 민준이 어머니께 전화해, 앞으로 민준이와 밀당을 할 것임을 말씀드리고 집에서도 함께 교육해달라고 요청했다.

"민준이 어머니, 학교와 가정에서 일관되게 교육하는 것이 중요합니다. 학교에서 민준이가 잘못된 행동을 하면 단호하게 혼내고, 잘할 때는 듬뿍 칭찬해줄 테니 집에서도 똑같이 지도해주세요."

다행히 민준이 어머님은 나의 교육 방식을 지지해줬고 정말로 그렇게 해줬다. 학교에서 잘못된 행동을 했을 때 메시지를 드리면, 집에서도 그 행동에 대해 함께 훈육한 것이다. 부모님이 함께 밀당에 동참하자 민준이는 급속도로 변하기 시작했다.

수업 시간에 어깃장을 놓고, 구석에 있는 민준이에게 다가가서 말했다.

"민준아, 선생님은 네가 지금이라도 우리 반 규칙을 잘 지키고 멋진 모습으로 생활한다면 언제든 너를 칭찬해주고 예뻐해줄 준비가 되어 있어. 그렇지만 앞으로도 계속 바르지 않은 행동을 한다면 또 다시 무섭게 혼낼 거야. 앞으로 교실에서 어떻게 지낼지는 네가 결정하는 거야. 즐겁게 웃으면서 지낼 건지, 찡그린 표정으로 지낼 건지. 잘 생각해봐."

그 이야기만 하고 돌아섰다. 그리고 반 아이들과 다시 즐겁게 수업을 해나갔다. 민준이가 조심스레 입을 뗐다.

"뭐라고?" 민준이의 목소리를 다시 들으려 되물었다. 민준이가 말했다.

"선생님, 저도 같이 하고 싶어요…."

나는 활짝 웃으며 말했다.

"그럼. 당연히 함께해도 되지."

그 후로 민준이가 조금이라도 칭찬받을 행동을 하면, 반 아이들 앞에서 크게 칭찬했다. 수업 중 민준이와 친구 중 한 명이 양보해야 할 상황이 생겼다. 민준이는 나를 한 번 보더니, 자신이 양보하겠다고 했다. 때를 놓치지 않고, 소리 높여 칭찬해주었다.

"애들아, 봤니? 민준이가 방금 양보하겠다고 했어. 민준이 정말 멋지다, 그렇지?" 그러자 아이들이 한술 더 떴다.

"선생님! 민준이 이러는 모습 저 처음 봤어요! 진짜 멋지게 변했어요!"

민준이는 수줍어하며 환하게 웃었다. 자신이 하고 싶었던 것을 양보하고, 얻은 것은 칭찬밖에 없었지만, 더 큰 것을 깨달은 것 같았다.

민준이의 표정은 몰라보게 밝아져갔다. 친구들은 그런 민준이를 보고 더 놀라워했다.

내가 특별한 교사라서 이런 좋은 결과를 낳은 것은 아니다. 대부분의 교사가 이렇게 지도한다. 이런 단호함과 칭찬이 민준이에게 효과가 있었던 이유는, 민준이 어머님의 적극적인 변화와 협조가 있었기 때문이다.

필요할 땐 단호하면서도, 사랑을 주는 부모. 이 두 모습을 모두 갖춘다면 자녀와의 관계에서는 성공이다. 자녀 교육에 원칙을 세워서 훈육해야 할 때는 엄하게, 사랑을 표현할 때는 다정하게 듬뿍 표현해주면 된다. 아이들은 그런 부모의 가르침을 받아 사회에서 인정받고 자존감 또한 높아질 것이다.

이 종류의 밀당은 평소에도 학생을 다룰 때 자주 쓴다. 규칙을 계속 어기는 남학생에게 단호하게 혼을 내다가, 가끔은 다른 학생들이 없는 곳으로 따로 불러서 "선생님이 널 얼마나 믿는 줄 알지? 조금만 노력하면 잘할 수 있는 거 알아" 하고 다정하게 말해주는 것이다. 이 방식을 그대로 집에서 적용할 수 있다. 우리 집 두 남매가 싸울 때도 앞에서는 단호하게 잘못을 짚어주지만, 따로 불러서 "네가 얼마나 누나로서 힘든지 알아. 동생이 천방지축이라 힘들지? 엄마도 항상 너를 대견하게 생각해" 하고 마음을 어루만져주는 것이다. 물론 매번 이렇게 할 순 없다. 그렇지만 종종 한 아이와 둘만의 시간을 보내며, 깊이 당겨 안아준 이 시간들은 아이의 마음에 오래 남는다.

두 번째로 우리에게 필요한 밀당은 바로, 필요할 때는 뒤에서 밀어주고, 아이가 해냈을 때는 다시 품 안으로 따뜻하게 당겨 안아주는 것이다.

이 밀당을 하지 않으면 부모는 아이에게 두 가지 극단적인 실수를 할 수 있다. 하나는 아이를 끝까지 품 안에만 두고 절대 내보내지 않으려는 것, 다른 하나는 "너 이제 다 컸으니 알아서 해"라며 갑자기 모든 책임을 아이에게 맡기는 것이다. 아이는 아직 연습 중이다. 사회 속에서 혼자 서는 연습과, 집에서 다시 에너지를 충전하는 과정이 반복되어야 아이는 건강하게 성장할 수 있다.

학교에서의 일과를 아이가 걱정하고 두려워한다면, 일단 "괜찮아. 넌 할 수 있어" 하고 살짝 등을 밀어주고 지켜봐주자. 부모도 함께 불안해질 때가 있다는 것을 알고 있지만, 교사에게 전화해서 아이의 모든 불편함을 제거해주려고 한다거나, 아이의 작은 불편함에도 이렇게 해보라 저렇게 해보라 잔소리를 늘어놓는다면 아이는 혼자 설 준비를 하지 못한다. 자신이 혼자서 당당히 해낼 수 있다는 믿음도 갖기 힘들 것이다.

반면에 아이가 무언가를 해내고 돌아왔을 때, "정말 잘 해냈구나!" 하고 당겨 안아주면 된다. 아이가 해낸 것이 거창한 것이 아니어도 된다. 혼자서 학교까지 걸어갔다 왔을 때, 새로운 친구에게 말을 걸었을 때, 선생님의 심부름을 해냈다고 했을 때, 알아볼 수 없는 그림을 그려왔을 때에도 기쁘게 박수쳐주자.

아이가 아직 서툴고 실수했더라도 "그래도 네가 해보려고 했다는 게 참 기특하다"고 말해주면 된다. 이것이 '당기는 순간'이다. 부모가 따뜻하게 안아 줄 때 아이는 다시 용기를 내고 스스로 해낼 수 있는 내면의 힘이 생긴다.

아이를 '미는 순간'은 잔소리나 강압이 아니라, "나는 네 능력을 믿어"라는 신뢰의 표현이어야 한다. 아이가 부모의 신뢰를 느낄 때, 도전은 두렵지 않고 오히려 신나는 모험이 될 것이다.

아이의 자존감은 이렇게 자란다. "나는 해낼 수 있어. 그리고 실패해도 괜찮아, 집에 오면 엄마 아빠가 나를 믿어 줄 테니까." 이 확신이 아이를 단단하게 만든다. 학교에서 부딪히고 배우며 성장하는 아이에게, 부모는 든든한 '안전 기지'가 되어주자. 그것이 진정한 밀당의 힘이다.

우리 집 아이들이 스스로 할 일을 잘하게 한 비결도 바로 밀당이다. 나는 어느 순간부터 한 번도 아이들에게 숙제를 하라고 강요한 적이 없다. 내가 워킹맘이기 때문에 아이들을 꼼꼼하게 봐줄 힘이 없어서 자연스레 민 것 같기도 한데 그 결과는 성공적이었다. 아이들이 집에 오자마자 알아서 숙제를 해놓는다. 그러면 기회를 놓치지 않고 칭찬을 쏟아붓는다. "아니, 이렇게 알아서 숙제를 성실히 하는 아이들이 어디 있어? 우리 ○○이 같은 아이는 어디에도 없을 거야. 정말 기특하다! 엄마는 네가 자랑스러워!" 하고 감탄을 섞어서 주기적으로 칭찬해준다.

숙제를 하지 않았을 때도 크게 닦달한 적은 없다. "선생님이 숙제를 더 열심히 하라고 전화하셨어." 아이는 실망스러운 엄마의 목소리에 다시금 바짝 숙제를 해낸다. 그러면 또 그 기회를 틈타 "어머 어머! 정말 성실한 기특한 어린이네!" 하고 신나게 칭찬한다. 칭찬하는 말하기는, 숙제로 실랑이하는 데 드는 힘의 10분의 1도 들지 않는다.

혼자 해볼 수 있도록 내버려두자. 그리고 해냈을 때 듬뿍 품어당겨주자. 그러면 아이들은 자주적이고 독립적으로 훌륭히 클 수 있다. 혼자 끝까지 자기 문제를 풀어가는 힘이 생길 것이다.

아이의
공부 자존감은
이렇게
올려주세요

너무 열심히 공부하지 말라는 부모의 말

이제 우리가 여전히 포기할 수 없는 성적에 관한 이야기로 넘어가보자. 왜 여전히 공부가 중요할까? 자존감만 높으면 되는 거 아닌가 생각할 수도 있다. 그러나 공부는 단순히 몇 점을 받았느냐에 관한 것이 아니다. 공부란 곧 아이의 노력과 성실에 관한 이야기이다. 기업의 채용 과정에서 학력과 성적이 높은 사람을 뽑으려는 이유도 이것이다. 공부를 잘한 사람을 어떤 문제 앞에서 포기하지 않고 끈기 있게 노력할 수 있는 사람이라고 보는 것이다. 또한 자신에게 주어진 과제를 성실하게 해낼 사람이라고 여기기도 한다.

우리 아이가 꼭 고학력이나 높은 성적을 필요로 하는 직업을 갖지 않을 수도 있다. 그러나 삶을 살아가는 동안 어떤 일을 하든지 성실과 끈기, 이해력과 문제 해결 능력은 중요하다.

아이에게 자존감이 충분히 차오르기 전까지는 공부하라는 소리는 할 필요가 없다. 오히려 자존감이 낮은 상태에서 공부를 강조하면 부작용이 일어날 뿐이다. 공부에 대해 부정적인 생각이 든 아이는 공부가 하고 싶을까? 지레 겁먹고 놓아버릴지도 모른다. 또는 타의에 의해서 억지로 하는 아이가 될 수도 있다. 그렇게 해서는 부모가 고3 수험 시절까지 끌고 갈 수도 없다.

자존감이 높아진 아이는, 부모가 공부하라는 소리를 하지 않아도 스스로 하겠다고 말할 것이다. 자신은 뭐든 해낼 수 있다는 믿음이 생겼기 때문이다. 그런 자신감이 있는 상태에서 학교를 갔는데, 학교에서는 공부를 잘해야 인정을 받는다는 것을 알게 되면 피가 끓어오를 것이다. '나도 잘할 수 있어! 나도 잘해봐야겠어!' 하고 말이다.

서울대학교 학생들을 찾아가 인터뷰하는 유튜브를 본 적이 있다. 놀랍게도 인터뷰에 응한 학생들의 50% 이상이, 부모님에게 한 번도 공부하라는 소리를 들은 적이 없다고 했다. 저게 가능한가 싶었는데, 실제로 우리 남편이 그런 사람이었다. 시부모님은 한 번도 아들에게 공부하라고 한 적이 없다. 남편은 오히려 부모님께 공부하지 말라는 얘기를 더 많이 들었다고 한다.

초등학생 시절에 마냥 놀던 철수(가명, 사실은 남편)는 중학생이 되자 공부를 해야겠다는 생각이 들었다. 시험일을 앞두고 열심히 공부하던 철수에게 아빠는 공부를 하지 말라고 했다.

"아빠, 내일이 시험이라 공부해야 돼."

"공부도 너무 열심히 하면 안 돼. 그만하고 아빠랑 등산 가자."

철수는 아빠의 끈질긴 요청에 결국 등산에 따라나섰다. 철수는 등산하는 내내 약이 바짝 올랐다. 내일이 시험이라며 아빠에게 볼멘소리를 했다. 그리고 집으로 돌아와 눈에 불을 켜고 열심히 공부했다. 철수는 공부가 더 하고 싶어졌을 것이다. 그리고 그렇게 공부 안 한 초조함을 진하게 느껴본 철수는 정말로 자발적으로 열심히 공부하는 학생이 되었다.

실제로 학교에서도 이런 방식은 잘 통한다. 수학 시간에도 "이 문제는 풀지 말자. 이건 좀 어려운 문제야. 사실은 한 학년 높은 형아들이 풀어야 할 정도야"라고 말하면, 아이들이 안달이 나서 "뭔데요? 한번 풀어볼래요!"라고 눈을 반짝인다. 체육 시간에 운동장에서도 "이건 아무나 못 하는 거야. 너희 나이엔 어려워"라고 한마디 해주면 온 아이들이 도전을 해댄다. 이 말에는 자존감이 꺾여 내내 의욕이 없던 아이도 한 번쯤은 도전해본다. '나도 혹시?' 하는 생각으로 말이다. 물론 자존감 높은 아이들은 여러 번 계속해서 도전하고, 그렇지 않은 아이들은 한두 번 해보다가 포기한다는 점이 다르긴 하다.

청개구리 심리는 아이들의 본능과도 같다. 사람은 태어나서 부모의 보호 아래 자란다. 그러나 자라면서 부모의 지시를 어겨보고 싶다는 본능이 누구에게나 있다. 올라가지 말라는 곳에 더 올라가 보고 싶고, 하지 말라는 것은 더 하고 싶은 것이 본능이다. 부모에게 는 속 터지고 이해 안 되는 본능일 수 있다. 분명히 올라가면 다칠 것 같아서 경고했는데, 굳이 말을 안 듣고 꼭 올라가본다. 그러다 결 국 다치고야 말 때는 정말 분통이 터진다.

그러나 오랜 교사 생활을 하며, 인간은 청개구리 본능이 있기 때 문에 성장한다는 것을 매 순간 체감한다. 말리는 것에 굳이 도전해 보고, 결국 해냈을 때, 성취감도 느끼고 새로운 성장의 발판이 움트 는 것이다. 아이의 청개구리 본능을 마음속으로는 기뻐해야 한다. 그 리고 우리는 못마땅하게 여기는 대신 그것을 이용하면 된다.

우리 집에서는 이런 대화가 오간다.

"이건 네 나이에는 어려운 건데에…? 이건 아무나 못 해."

"해볼래! 나 할 수 있어!" (자존감이 높아진 아이는 이렇게 반응한다.)

"그래? 만약 네가 이거 해내면 완전 대단한건데…? 근데 어려울 걸…?"

아이가 해내고 나면 나는 이렇게 말한다.

"와아! 네가 이걸 해냈어? 진짜 대단한데? 우리 ○○이 공부도 진 짜 잘하겠다!"

아이가 해내지 못했을 때는 해놓은 부분까지 언급하며 이렇게 말한다.

"아니, 이 어려운 걸 여기까지 해냈다고? 우와! 네 나이에 여기까지 했다는 건 정말 뛰어난 거야! 우리 ○○이 공부 진짜 잘한 건가 보다!"

둘째가 일곱 살쯤 되었을 때 이것이 의도치 않게 먹혀들었다. 첫째가 초등학교 1학년이 되었을 때였다. 이제 수학 연산 공부를 좀 해야겠다 싶어서 앉혀놓고 공부를 봐주고 있었다. 둘째가 다가와 본인도 하고 싶어 했다. 그러나 나는 게으른 엄마 아니던가. 한 명 봐주는 것도 힘든데, 둘을 봐주기에는 벅찼다.

둘째에게는 "너는 아직 초등학생이 아니니까 안 해도 돼" 하고 밀어 놓았다. 둘째는 누나와 엄마가 함께 수학 공부를 하는 동안, 옆에서 블록을 가지고 놀았다. 그러다 어느 날 둘째가 몰래 뭘 열심히 하고 있는 모습을 보았다. 뭘 하나 싶어 봤더니, 누나의 수학 문제집을 풀고 있는 것이다.

"어머, 이거 누나 문제집인데 뭐 하는 거야?" 하고 문제집을 보았는데 아이가 혼자 연산 문제를 풀어 놓았다. 그것도 여러 장이나. 깜짝 놀라서 어떻게 이걸 풀어 냈느냐고 물었다. "엄마 나도 이 정도는 할 수 있다고!" 아이는 으쓱해했다. 큰 아이를 가르칠 때 어깨너머로 보곤 풀어낸 것 같았다.

첫째가 없는 틈을 타서 둘째에게 진심으로 칭찬을 해주었다, "이

거 초등학교 1학년 문젠데, 네가 풀어내다니 진짜 대단하다! 엄마가 가르쳐준 적도 없는데, 넌 천재인가 봐!" 둘째는 수학을 좋아하게 되었다. 나는 아이가 좋아할 만한 문제집을 따로 사주고는 놀듯이 풀도록 그냥 두었다. 딱히 점수를 매겨주지도, 가르쳐주지도 않았다.

집에서 남편과 나는 아이들에게 종종 말한다.

"책 좀 그만 읽자."

"공부도 너무 많이 하면 안 좋아. 여기까지만 풀자."

"게임 좀 그만해", "티비 좀 그만 봐"라고 말하는 대신, 이렇게 말해보자. 아이들은 더 하고 싶을 것이다.

공부 자존감이 끌어올려진 첫째가 얼마 전 말했다.

"엄마, 학교 수학 시간에는 수학익힘책을 딱 한 장밖에 못 풀어. 나는 다음 장까지 풀고 싶은데. 정말 아쉬워."

이렇게 아이가 더 하고 싶다는 말이 나오도록 조절하라. 감질나도록. 다음 내용이 궁금해서 계속하고 싶도록.

아이는 이제 청개구리 심리로, 공부가 하고 싶을 것이다. 그러나 그 미끼를 덥석 물면 안 된다. 아직 익을 때까지 더 기다려라. 그 미끼를 덥석 물고 눈빛을 반짝이며, "자, 그럼 이제 어디 한번 공부해볼까?" 하고 다가가면, 처음에는 아이도 "그래! 해볼래!"라고 신나게 시작할 수는 있다. 그러나 한 번 해보고 싶다고 했는데, 당장 부모가 공부하자고 내달리기 시작하면 '에이 뭐야. 공부 재미없고 어려운 거네?' 하며 바로 공부하고 싶은 마음을 접을 수도 있다. 좀 더 하고 싶은 열망이 무르익을 때까지 기다리자. 그러기 위해서 부모들은 스윽 놓아두는 요령을 익혀야 한다.

아이가 일곱 살이 되었을 때 덧셈이란 것을 알게 됐다. 친구들이 "너 2+2 할 수 있어? 나는 할 줄 안다?" 하고 자랑을 한 것이다. 아이는 집에 와서 엄마에게 묻는다.

"엄마, 덧셈이 뭐야?"

"아, 그건 초등학교 가면 수학 시간에 배우는 거야. 사탕이 2개 있는데 누가 2개를 더 줬어. 그럼 모두 몇 개일까? 이런 말이지."

"뭐야, 그러면 4개잖아? 쉬운 거네?"

"에에? 그게 쉽다고? 아직 덧셈을 배운 적도 없는 네가 2개 더하기 2개가 4개인 걸 알아맞히다니! 그거 대단한 거야! 우와! 우리 아들 공부 엄청 잘하겠는걸?"

"공부는 뭐야?"

"공부는 학교에서 여러 가지 과목을 배우는 거야. 학교에 가서는 공부를 잘하면 친구들이 모두 부러워하고 대단하다고 여긴다? 선생님께도 칭찬받고."

"그럼, 나 공부 잘하는 학생이 될 거야!"

"지금 보니 우리 아들, 공부 잘하는 학생 될 것 같아! 그럼 엄마도 진짜 자랑스러울 거야!"

여기까지 대화를 나누고 나면, 아이에게는 공부를 잘하고 싶다는 열망이 생긴다. 이런 대화를 몇 번 하고 나서, 아이에게 공부를 좀 시켜야겠다는 생각이 든다면 작전을 실행하는 것이다. 은밀하고 교묘하게.

방법은 둘째가 누나 문제집을 가지고 가서 풀었다는 이야기와 비슷하다. 덧셈에 이제 막 관심이 생긴 아이에게 덧셈을 가르치고 싶다면, 아이가 할 만한 간단한 연산지를 놓아두면 된다. 아이가 이게 뭐냐고 물으면 그냥 대충 둘러대라. 누가 줘서 가지고 왔다던가, 누나 하라고 가지고 왔다던가, 엄마가 공부하려고 들고 왔다던가. 아이는 자기가 해보면 안 되냐고 묻거나, 몰래 들고 가서 풀어볼 것이다. 낙서 같은 것을 해놓을지도 모른다. 그래도 괜찮다. 아이는 부모의 말로 자신을 생각하게 될 것이니까. 가령 이런 궤변도 좋다. "아니 우리 딸, 이걸 들고 가서 놀았어? 어머, 어쩜 낙서를 해도 이런 데다가 할까, 정말 공부 잘하려나보다!" 그러면 아이는 생각할 것이다. '내가 어떻게 집어도 이걸 집고 싶었을까? 엄마 말대로 나는 공부를 잘할 아이인가 봐!' 하고 말이다. 유치하다고 생각할 수 있지만, 아이에게는 이 유치함이 너무도 잘 통한다.

문제집은 재미없는 거라고 인식이 되어버린 좀 더 큰 아이에게는 통하지 않는 방법일지도 모른다. 그러면 아이에게 공부에 대해 잘못 인식시킨 부모님 스스로 반성을 좀 한 후에 다른 것들로 놓아두기 방법을 실행하면 된다. (나처럼 말이다. 나는 반성을 좀 해야한다.)

딸아이가 나의 실수로 수학을 싫어하고 자신 없어 한 적이 있다. 한창 학습 만화를 좋아할 때라, 만화로라도 수학에 대한 흥미를 높여주고 싶어졌다. 그래서 수학 학습 만화 시리즈 책 한 권을 빌려다 주었다. 딸아이는 "이게 뭐야? 에잇, 수학책이잖아. 안 읽어!"라고 말하고 책을 외면했다. 나는 "이게 그렇게 인기가 많다던데?"라고 한 번 말하고는 그냥 두었다. 며칠이 지나자 두 아이가 모두 그 책을 너무 재미있게 읽고 있었다. 그리고 그다음 권을 빌려다달라고도 했다. 나는 바빠서 깜빡 잊고 더 빌려다주지 못했다. 그랬더니 아이들은 직접 도서관에 가서 그 시리즈 책을 더 빌려왔다. 책 만들기가 취미인 딸아이는 그렇게 싫어하던 수학 이야기로 책을 만들었다. 손수 수학 퀴즈, 수학 시험지도 만들어 수학 선생님이 되어 놀이를 했다. 그렇게 수학에 다시 스며들기 시작했다.

한때 우리 아이들은 만화책을 많이 읽었다. 하루 읽는 독서의 90퍼센트 이상이 만화책일 때가 있었다. 아무리 만화책 말고 글이 많은 책만 읽히고 싶어도 환경이 도와주지 않았다. 친구들도 만화책을 많이 읽었고, 도서관에도 만화책이 당연하게 놓여 있었다. 나는 더 이상 아이들이 만화책 읽는 것을 막을 수 없었고, 막아서도 안 된다고 생각했다. 하지 말라고 하면 더 하고 싶은 법이니까.

그리고 남편과 이 문제를 고민하며 대화를 나누었을 때, 만화책도 충분히 도움이 된다는 결론을 내렸다. (학창 시절에 공부는 안 하고 맨날 만화책만 보는 친구가 있었는데, 그 친구는 시험만 치면 언어영역은 무조건 100점을 받았다.) 이왕 만화책을 볼 거면 좀 더 학습적인 것을 보게 해주자는 생각에 유명한 한국사 책을 빌려다주었다. 아이들은 계속해서 다음 권을 원했다. 뭐가 그렇게 재미있는지는 모르겠는데, 아이들은 그 책을 모조리 읽고 또 읽더니, 한국사 마니아가 됐다. 이제는 나보다 한국사에 대해 더 잘 안다. 그리고 계속 엄마, 아빠에게 한국사 퀴즈를 냈다. 나는 종종 맞고, 종종 틀려주었다. 그러면서 "엄마도 모르는 걸 어떻게 그렇게 잘 알아? 너희 나이에 한국사를 이렇게 잘 아는 건 진짜 대단한 건데?"라고 놀라워하며 칭찬했다.

그러자 두 아이 다 역사 학원이 있으면 보내달라고 할 정도로 그 분야에 빠졌다. 한국사 시리즈를 좋아하던 우리 아이들은, 더 이상 읽을 책이 없자, 세계사까지 확장해서 읽어나갔다. 그리고 아이들이 과학적인 질문을 시작하자 과학 학습 만화도 스윽 가져다주었다. 아이들은 책을 읽으며, 실험을 따라 하기도 했다. 혼자 뭘 하나 보고 있으면, 화장실에서 물을 가지고 부글거리고 있는 것이다. 다음으로 나는 아이가 최근 묻는 질문에 맞추어서 다른 책들도 빌려다 줬다. 오히려 집에 방치된 자연 관찰 전집, 위인전집 등보다 학습 만화로 훨씬 많은 지식을 얻는 느낌이었다. 게다가 얼마나 재미있는지, 책을 한 번 집으면 계속해서 빠져서 보았다. 그즈음 방학 때 아이들은 학원을 한 군데도 다니지 않고 온전히 자유롭게 시간을 보냈는데, 가장 많이 한 일이 학습 만화를 보는 일이었다. 그러다 보니 나에게도 여유 시간이 생겨서 아이들과 함께 종일 있어도 평화로웠다.

시간이 지나자 슬슬 글이 많은 책도 좀 읽어줬으면 하는 욕심이 들기 시작했다. 그래서 이번에는 책을 모두 글 책으로 빌려다주었다. 그때는 아이들이 과학 분야 책을 한창 읽고 있을 때라 같은 분야의 책을 빌렸다. 아이들은 책들을 한번 슥 넘겨보고는 "에이, 뭐야. 엄마 마음대로 다 빌렸어?" 하고 툴툴거리며 바닥에 그냥 널브러뜨려놓았다. 별말 없이 나도 그냥 두었다. 다음날 지나가면서 보니 둘째가 책을 한 권 들고 가서 방안에서 읽고 있었다. 그렇게 한 권, 두 권, 세 권. 둘째는 과학 학습 만화로 쌓은 과학에 관한 관심을 글 책으로 옮겨가 즐겁게 읽었다. 첫째는 결국 그 책을 읽지 않았다. 그래도 별말은 하지 않았다. 초등학교 고학년이 된 첫째는 지금 자유롭게 만화책과 글 책을 원하는 대로 읽는다. 내가 따로 말하지 않아도 긴 글 책도 잘 읽는다.

내가 부모님들께 권하고자 하는 핵심은, 공부하게 하고 싶으면 절대 공부하라고 해서는 안 된다는 것이다. 책 읽게 하고 싶으면 절대 책 읽으라고 해서는 안 된다. 공부를 하려고 했는데 공부하라고 하면 갑자기 하기가 싫어지는 심리는 모두 겪어봐서 알지 않은가.

하라고 하는 대신, 그냥 환경만 만들어주면 된다. 책을 읽으라고 하지는 않되, 주위에 책이 늘 있을 것. 공부하라고 하지는 않되 주위에 공부하는 사람이 있을 것.

엄마 아빠는 그저 공부가 얼마나 재미있는지, 책 읽는 일이 얼마나 행복한 일인지를 몸소 보여주면 된다. 실제로 나는 오랫동안 교실에서 아이들을 이렇게 이끌었다. 가정에서 적용해볼 수 있게 우리 집 이야기로 예를 들었다. 오늘부터 아이 대신 아이의 문제지를 들고 가서 재미있게 풀고, 아이의 글 책을 들고 가서 신나게 읽자.

본격적인 공부 압박은 천천히

'언제 본격적으로 공부를 시작해야 할까?' 초조한 부모들에게는 이런 조언을 전하고 싶다. 앞에서 말했듯이, 덥석 공부하자며 달려들어선 안 된다. '공부했으면…' 하는 진심을 내비치되 천천히 조심스럽게 다가가야 한다.

부모 양육 태도 검사에 성취 압력이라는 항목이 있다. 이 성취 압력은 너무 낮아도, 높아도 안 된다. 내가 처음 이 검사를 했을 때 성취 압력이 굉장히 낮게 나왔다. '나는 아이에게 공부 스트레스를 주지 않는 엄마야!' 하는 뿌듯함으로 상담사의 긍정적인 말을 기다렸는데, 오히려 머리를 한 방 맞았다. 상담사는 이렇게 성취 압력이 낮으면 안 된다고 경각심을 줬다. 아이들에게는 적절한 수준의 성취 압력이 필요하다는 것이다.

"애한테 공부 스트레스 주기 싫어"라며 아예 성취 압력을 하나도 주지 않으면 아이가 갈피를 잡지 못한다. 아직 아무것도 모를 때는 어느 정도의 길잡이 역할을 해주어야 아이도 길을 알고 간다는 것을 교실에서 무수히 확인했는데, 부모가 되니 그 사실을 간과했다.

형제마다 공부에 대한 성취 정도가 다른 집들이 많다. 어떤 아이가 공부를 잘했느냐를 따져보면 보통은 기대를 한 몸에 받은 이들이다. 나는 우리 집에서 맏딸로서 언제나 부모님의 기대를 듬뿍 받았다. 집안의 기대가 몽땅 나에게 쏠려 있는 동안 동생은, "그래, 너는 건강만 하자" 정도의 격려만 받았다. 아무래도 언니 정도는 안 되는 것 같다는 무언의 기류가 있었다. 결과는 당연히 그렇게 흘러갔다. 남편의 경우도, 내 친구들도, 내가 교사로 지내면서 만난 아이들도 마찬가지였다. 물론 닭이 먼저냐 달걀이 먼저냐 하며 생각해볼 수도 있다. 아이가 공부를 잘했기 때문에 기대를 받은 건지, 기대를 했기 때문에 공부에 매진한 건지. 그 순서가 뒤바뀐 집도 있을 것이다.

그러나 어찌 됐든, 공부를 잘한 이들의 공통점은 높은 확률로, 부모님의 기대감, 즉 성취 압력이 있었다. 압박이 아닌 적절한 성취 압력, 기대감. 그것은 아이가 잘하고 싶게 만들고, 자신에 대한 높은 자존감을 형성하고, 자신에 대해 긍정적인 미래를 그리는 데 큰 도움이 된다. 그러니 우리는 이제 천천히 공부에 대한 기대와, 아이에 대한 기대를 슬쩍 흘려주자.

이렇게 내가 부모들께 권하는 성취 압력 이야기는 교육 심리학의 고전이라 불리는 로버트 로젠탈Robert Rosenthal의 실험을 통해서도 뒷받침된다.* 1964년에 로젠탈은 초등학교 학생들을 대상으로 무작위로 뽑은 20%의 명단을 교사에게 전달하며, 이들이 '지적 능력이 크게 향상될 아이들'이라는 믿음을 심어주었다. 실제로는 평범한 아이들이었음에도 불구하고, 8개월 뒤 이들의 성적과 IQ는 다른 학생들에 비해 비약적으로 상승했다. 이른바 피그말리온 효과로 불리는 이 현상은, 부모나 교사의 교육적 기대가 자녀의 학업적 자기 효능감을 자극하여 실제 성취도 향상으로 이어지는 강력한 심리적 기제임을 입증한다.

《마인드셋》이라는 책을 쓴 심리학 교수 캐럴 드웩Carol Dweck 또한, 부모의 기대가 아이에게 성장형 사고방식을 갖게 하여 높은 학업 성취를 이끌어낼 수 있다고 했다. 《그릿》의 저자 앤절라 더크워스Angela Duckworth 교수는 부모의 지지가 장기적 성공의 열쇠인 그릿(끈기)을 길러준다고 밝혔다. 결국 부모의 적절한 성취 압력은 단순한 부담이 아니라, 아이가 스스로 성장하고 목표를 향해 나아가도록

* Robert Rosenthal & Lenore Jacobson (1968) Pygmalion in the Classroom.

돕는 필수적인 가이드 역할을 하는 셈이다.

아직 어린아이에게 성취 압력을 거창하게 줄 필요는 없다. 서울대학교가 뭔지도 모르는 아이에게 "너는 똑똑하니까 서울대를 갈 거야", "의사가 되어서 우리 집안을 일으켜 세우렴!" 할 필요는 없다는 것이다. 대신에 아이에게 공부해야겠다는 생각이 들도록 서서히 압박해주자. 다시 철수의 이야기로 돌아가보겠다.

철수는 부모님에게 공부하라는 말을 한 번도 들은 적이 없다. 아버지는 주말마다 철수를 데리고 등산을 갔다가, 목욕탕을 갔다가, 맛있는 밥을 사줬다. 그렇게 산길을 걷고, 탕에 몸을 담그고, 함께 밥을 먹는 동안, 아버지는 철수에게 많은 이야기를 해줬다. 그 많은 대화들 속에 종종 공부에 관한 이야기가 나왔는데 "공부를 해라! 공부해야 한다!"와 같은 이야기는 전혀 아니었다. 그저 공부가 얼마나 재미있는 것인지에 대해서도 말했다. 공부를 잘하는 것이 얼마나 멋진 일인지에 대해서도 말했다. 자리 잡고 앉아 하는 각 잡힌 이야기는 아니었다. 그냥 일상적인 대화처럼 흘러갔다. 그리고 종종 이런 말을 듣곤 했다. "니는 하면 진짜 잘할끼라!"

초등학교 때까지 공부라곤 하지 않던 철수는 중학생이 되자 공부를 하기 시작했다. 철수가 알아서 공부를 시작하자, 아버지는 주위 사람들에게 자랑하기 시작했다. "점마는 내가 공부하란 소리 한 번도 한 적 읍따. 지가 알아서 한다!"

그 소리가 철수를 계속해서 공부하게 붙들었다. 뿌듯함에 공부를 놓을 수가 없었을 것이다.

나는 아버님의 노련함에 이마를 탁 쳤다. '공부하라 소리는 하지 않되, 공부에 대한 긍정적인 정서를 심어주기. 그리고 남들 앞에서 칭찬하기.' 우리가 해야 할 것이 바로 이것이다.

"공부하라고 하지도 않았는데, 스스로 저렇게 열심히 공부하다니? 심지어 공부하지 말라고 했는데도, 하고 싶어 하다니. 동네 사람들. 우리 아이 좀 보세요! 이런 기특한 학생이 어디 있나요?" 이렇게 자랑하자. 물론 아이가 듣는 앞에서 말이다.

이것이 정말로 아이 스스로 한 것일까? 사실, 판은 부모가 다 깔아준 것이다. 그리고 아이는 그 위에서 신나게 춤춘 것이다. 우리는 박수만 쳐주면 그걸로 끝이다. 이런 노련한 부모가 되어야 한다.

아이보다
앞서지 않을 용기

교실에서 아이들과 부모들을 만나다보면, 앞에서 이끄는 부모는 아이가 기대하는 속도에 맞게 따라오지 않으면 불안해하고 초조해한다는 걸 알게 된다. 나도 부모라서 안다. 아이보다 앞서 있으면 아이를 느긋하게 기다려주고 칭찬만 해줄 여유가 없다. 하지만 아이들은 몇 살이 되든 '엄마, 이것 봐요. 내가 이것을 해냈어요. 나 잘했죠? 이제 칭찬해주세요' 하고 바란다. 내 교실의 아이들도, 우리 집의 아이들도 하루에도 수십 번씩 그렇다.

칭찬하기도 습관이 되지만, 칭찬받는 것 또한 습관이 된다. 칭찬받는 아이는 내일도, 그다음 날도 칭찬을 받고 싶다. 그리고 부모의 칭찬과 격려에서 힘을 얻고 열심히 그 방향으로 나아간다. 그러다 어느 날 저만치 앞에 서서 "엄마 이리 와봐요. 나 벌써 이만큼 와 섰어요!" 할 것이다. 그러면 뒤에서 느긋이 지켜보다 "우와 언제 그만큼이나 갔어? 정말 대단하다!" 하면 된다. 그런 아이는 부모의 기대를 벗어나 잘못 클 수가 없다.

그러나 대부분의 공부 좀 시킨다는 집은 부모들이 앞에서 끌어가는 형태다. 5세가 되면, '이 나이쯤에는 이걸 해야 좋다던데' 하고, 6세, 7세를 지나 초등 입학할 때 등, 수많은 정보를 바탕에 두고 아이에게 가르칠 것을 엄마가 선별한다. 나 또한 아이를 끌어가려다가 감정만 상하고 실패한 경험이 있다. 지금 생각해보면 그렇게 조급하게 시작하지 않아도 되었을 일인데 말이다.

상상해보자. 어느 날, 아이가 수학 시험에서 30점을 받아 들고 집에 왔다. 자녀가 30점 받은 수학 시험지를 가지고 온다면 어떻게 반응하겠는가? 내 첫째 아이는 초등학교 1학년 때쯤, 나의 이끌기 방식이 잘못되어서 수학에 완전히 자신이 없어졌다. 가르치는 과정에서 답답한 마음에 꾸중을 했더니 위축된 것이다. 많은 고민 끝에, 수학이 싫다는 아이에게 시간을 좀 주기로 했다. 격렬한 수학 전투 끝에 완전히 수학에서 손을 뗀 첫째는, 그뒤로 흔히 하는 수학 연산 학습지조차 하지 않았다. 그리고 충분히 시간이 지났을 때 천천히 압박했다. "너는 수학을 못 하는 게 아니야. 열심히 공부하고 시험을 쳤을 때는 다 맞았잖아? 넌 언제든 네가 하고자 하면 잘할 수 있는 아이야"라는 이야기를 간혹 흘렸다.

첫째 아이는 단원 평가를 치면 20문제 중의 3개 정도를 틀려오곤 했는데, 처음에 나는 그것도 받아들이기가 힘들었다. 학교에서 잘하는 아이들을 많이 보다보니 우리 아이도 그 정도는 해낼 줄 알았다. 30점을 받은 날, 딸은 집에 와서 나에게 말했다.

"엄마, 시험지를 받고 너무 부끄러워서 바로 책상 서랍에 넣어서 숨겨버렸어. 친구들이 너는 몇 개 맞았냐고 묻는데 답을 못했어."

가슴이 쿵 하고 내려앉았다. 절대로 티 내지 않으려 애쓰면서 말했다.

"최선을 다해서 푼 거지? 100점 맞고 싶다는 마음으로 열심히 풀었지?"

딸은 대답했다. "응. 나 열심히 풀었어."

나는 평소처럼 대답해 주었다. "그럼 100점인 거야. 잘했어."

그리고 평소에는 하지 않았던 말을 좀 더 덧붙여야 했다. "100점 맞은 친구들은 평소에 수학 학원도 다니고 미리 집에서 공부를 열심히 했을 거야. 너는 수학 공부가 싫다고 집에서 따로 하지는 않았잖아. 네가 공부를 열심히 하지 않았는데, 좋은 성적 받기를 기대하는 건 잘못된 거야. 네가 정말 좋은 점수를 받고 싶다면 열심히 해야 해." 그리고 이렇게 물어봤다. "다시 이렇게 속상한 일을 느끼고 싶지 않은 거지?" 딸은 그렇다고 했다. 자신도 수학을 잘하고 싶다고 했다. 실은 수학을 못 해서 회피한 거지, 잘하고 싶은 마음은 컸던 것이다.

모든 아이가 사실 이런 마음일 것이다. 4학년이 된 딸은 처음으로 수학 학원을 다니겠다고 했다. 내가 더 잘 가르칠 수도 있었지만 다시금 딸과 공부를 통해 감정 상할 일 없도록 학원을 보내보기로 했다.

얼마 지나지 않아 첫째가 학원에서 100점을 받았다며 자랑했다. 나와 남편은 이때다 싶어 격하게 칭찬했다.

"그것 봐. 너는 하면 된다니까. 엄마 말이 맞지?"

"역시 공부는 꾸준히 노력하면 멋진 성과를 얻는 거야."

"너는 수학을 못 하는 게 아니었다니까. 안 해서 그랬던 것뿐이야."

"할머니 할아버지께도 자랑해야겠다. 정말 대단하다!"

그날 저녁은 딸의 100점 축하 파티가 되었다. 딸아이는 뿌듯하게 웃었다. 스스로 시작한 아이는 수학 학원 가는 것에 한 번도 토를 달지 않았다. 그렇게 학원에 다닌 지 한 달이 지나자, 딸아이는 자신은 수학을 잘하는 사람이라고 말했다. 수학에 자신감이 붙자, 집에서 내가 가르칠 때도 다시 사이좋게 공부할 수 있었다. 예전의 뼈아픈 기억을 반성하며 계속해서 칭찬하고 다정하게 가르쳤다. 아이도 엄마가 알려주는 게 좋다고 말했다.

3월 초가 되었을 때 아이는 학교에서 주는 기초 조사서를 받아

왔다. 거기에는 자신 있는 과목을 쓰는 칸이 있었다. 딸아이는 자신 있는 과목에 당당히 수학을 썼다. 너무 놀랍고 기뻐서 "정말? 우와, 우리 딸 진짜 멋지다!" 하며 대견해했다. 첫째는 다음날 학교에 가서 기초 조사서를 내면서 친구들과 그 이야기를 나누었다고 했다. "엄마, 친구들한테 나는 수학을 좋아한다고 말했더니 다들 깜짝 놀라더라? '수학 좋아한다는 애는 처음 봐!' 이러면서 나를 엄청 대단하게 보더라고!"

딸아이는 어느 날은 나눗셈에 자신 있다며 문제를 내달라고 했다. 일부러 쉬운 나눗셈 문제부터 내주었다. 160 나누기 20 같은, 단위는 높지만 사실은 쉬운 나눗셈부터 시작했다. 딸아이는 단번에 "8이잖아! 너무 쉽네!"라고 말했다. 나는 연기를 시작했다. "100이 넘어가는 숫잔데 이게 쉬운 거라고? 아니 어떻게 그렇게 한번에 맞추는 거야? 대단한걸? 우리 딸 열심히 하더니 진짜 잘하네?"

딸아이는 신나서 더 어려운 문제를 내보라고 했다. 이때 청개구리 원칙을 썼다. "아우, 이건 너무 좀 어려워서 못 풀 텐데…" 그러면서 285 나누기 5를 내었다. 5단의 곱셈과 나눗셈은 다른 것에 비해 쉽다. 그러나 겉으로 듣기엔 어려워 보이는 문제다. 딸아이는 그것도 금세 풀더니 신이 나서 종이와 펜을 들고 와서 내 옆에 앉았다.

"엄마! 또 내봐! 난 다 풀 수 있어! 내가 수학을 얼마나 잘한다고!"

이번에는 조금 더 생각해야 하는 문제를 내주었다. 그러면서 한 번 더 아이의 도전하려는 마음을 건드렸다. "에이 이건 정말 어려워서 네 나이엔 풀기 힘들어. 이거 풀면 진짜 천잰데? 진짜 어려운 거 낸다?" 아이는 연필을 꼭 쥐었다.

"마이쮸가 원래 몇 개가 있었어. 그런데 그걸 12명의 친구들에게 30개씩 나누어줬더니, 3개가 남았어. 그럼 마이쮸는 원래 몇 개가 있었을까?"(곱셈과 나눗셈의 관계 응용)

문제를 말하고 한 번 더 말했다. "아우, 근데 이건 생각을 좀 길게 해봐야 하는 문제야. 이건 5학년도 어려울걸? 많이 어려울텐데?"(틀려도 괜찮을 배수진을 쳐둔 것이기도 하다.) 딸아이는 얼굴에 웃음을 한껏 머금고 무슨 신나는 일이라도 앞둔 양 종이에 열심히 적으며 풀었다. 그리고는 곧 답했다.

"엄마! 이거 쉽네! 답은 363개잖아!"

나는 눈을 크게 뜨면서 반응했다.

"뭐?! 너 이걸 어떻게 맞췄어? 정말 열심히 배웠네!"

딸아이가 가지고 온 종이에는 12명의 사람이 그려져 있었다. 그리고 신나게 설명하기 시작했다. 12명 곱하기 30을 하면 360이잖아. 거기에 3개를 더하면 363개지!

"아니, 엄마는 나누어 주었다고 말했는데, 어떻게 곱셈을 이용해서 풀 생각을 했어? 게다가 문제를 이해하기 쉽게 이렇게 그림으로 나타내다니! 어쩜 이런 아이가 다 있어? 대단하다!"

그날부터 딸아이는 매일 밤 나에게 와서 수학 문제를 내라고 닦달했다. 나는 또 귀찮은 척하면서 아이의 청개구리 심리를 이용했다. "3개만 하고 그만해. 더 하지 마. 빨리 자야지!"라고 말했다. 그러면 더 풀고 싶다고 아우성이었다.

누나가 그렇게 칭찬받고 수학을 즐겁게 푸는 걸 보자, 둘째도 함께 난리가 났다. 나눗셈을 배워본 적도 없는 녀석이, 나눗셈은 대체 어떻게 하는 거냐고 물으며 문제를 내란다. 그래서 대충 설명해주고 12 나누기 4 정도의 문제를 냈다. 구구단을 아는 둘째는 바로 3이라고 답했다. 나는 또, "아니! 넌 나눗셈 배운 적도 없잖아? 그런데 어떻게 이걸 맞춰? 수학이 막 저절로 풀려?" 이렇게 과장된 반응을 하며 놀라는 척을 했다. 그런 둘째는 누나랑 함께 매일 나에게 수학 문제를 더 내보라고 아우성댔다.

<u>하고 싶게 만들자. 아이가 먼저 안달 나게 만들어야 한다. 준비가 되고 마음을 먹은 아이는 앞장서 달려나갈 것이다. 부모는 뒤에서 살짝 밀어주며 박수쳐주면 된다.</u>

딸이 30점을 받은 날 친구와 이런 이야기를 나누었다고 한다.

"히엑? 야, 너 30점 받아 가면 엄마한테 혼나는 거 아니야?"

"아니? 우리 엄마는 시험 점수로 혼내지 않는데?"

"뭐? 진짜 부럽다. 나는 하나만 틀려도 혼나는데."

그리고 그날 실제로 딸아이는 나에게 그런 피드백을 받았다.

"100점 받고 싶어서 열심히 풀었으면 100점인 거야. 괜찮아!"

학교에서 전국적으로 치는 기초 학력 평가를 치고 온 날은, 딸아이가 나에게 물었다.

"엄마, 엄마는 왜 내 성적 안 물어봐?"

"뭐? 아! 오늘 시험 쳤구나?"

"다른 엄마들은 교문에서 아이들을 만나자마자, 시험 잘 봤어? 몇 점 받았냐부터 물어보던데."

"아유, 성적이 뭐가 중요해. 엄마는 네가 행복한 게 제일 중요해."

점수를 낮게 받았을 때 행복하지 않던 딸아이는, 행복해지려고 열심히 공부하고 있다.

함께 있되 각자의
할 일을 하는 시간

자녀를 명문대나 의대에 합격시킨 부모들이 매체에서 인터뷰하는 영상을 보게 될 때가 있다. 그들에게는 공통적으로 하는 말이 있다. 아이가 집에서 공부하고 싶은 분위기를 조성해주었다는 것이다. 스마트폰을 보는 모습 대신, 독서하는 모습, 공부하는 모습을 보여주어야 한단다. 그 영향으로 거실을 서재로 꾸미는 집도 많다.

교사인 나도 그들의 이야기가 담긴 영상을 보며 '나도 아이의 교육을 위해서 따라 해보겠어!' 하고 실천해보았다. 그러나 오래가지 못했다. 정작 내가 핸드폰으로 해야 할 일들이 많았다. 아니, 핸드폰으로 하고 싶은 것들이 많았다. 육아의 노동에서 한 발짝 물러나 쉬는 시간이 필요했다. 집에서 아이만 바라보고 있으니, 세상과 소통할 시간도 필요했다. 종일 육아 노동에 지쳤는데 쉬는 것도 내 마음대로 못 하고, 모범이 되어 보이겠노라 가식적으로 책을 읽는 매일을 지속할 수가 없었다. '에라이, 이건 안 되겠다'며 포기했다.

그 후로도 "집에는 티비가 없어야 된다", "부모가 핸드폰을 안 해야 한다" 등 죄책감을 건드리는 말들이 계속 들려왔다. 아이 앞에서 핸드폰이나 붙잡고 있어서, 내 아이가 공부를 못 하게 되는 건 아닐까 불안했다. 그러나 다시 나태해지고 말았다. 아이들끼리 놀라고 밀어놓고 엄마는 좀 쉬어야겠다며 핸드폰을 집어 들고 소파에 널브러졌다. 그러면서도 눈치가 보였다. 아이들에게는 핸드폰을 건드리지 말라며 절대 하면 안 되는 물건인 양 단단히 일러두고는, 엄마와 아빠는 수시로 그 네모난 물건을 들여다보는 것이. 아이들은 자연스럽게 핸드폰에 관심을 가졌다. 엄마와 아빠뿐만 아니라 세상에 보이는 어른들이 모두 저 조그마한 화면으로 뭔가를 하고 있으니 아이들 입장에서는 얼마나 궁금할까.

이래서는 안 되겠다는 생각에 아이들과 함께하는 척이라도 하기로 했다. 아이들에게 솔선수범하여 독서하는 엄마의 모습을 보여주기 위해 책을 집어 들었다. 그러나 곧 핸드폰으로 해야 할 일들이 떠올랐고, 나는 핸드폰을 책 속에 숨긴 채 책을 읽는 척하기 시작했다. 아이들은 계속해서 엄마가 책을 읽고 있다고 믿었다. 지금 생각해보면 다소 편법 같기도 한 이 행동은, 사실 아이의 행동을 직접 통제하기보다 환경과 분위기를 먼저 만들어주려는 시도였다.

많은 부모들이 아이 교육을 위해 '보여주기'를 강조한다. 공부하는 부모의 모습, 독서하는 부모의 모습, 핸드폰을 멀리하는 부모의 모습 등. 이 행동의 방향은 틀리지 않다. 다만 문제는, 그것을 완벽하게 해내야 한다는 부담이다. 현실의 부모는 하루 종일 아이를 돌보고, 집 안을 챙기고, 일을 하는 등 동시에 많은 것들을 해내야 한다. 그 모든 순간에 모범적인 모습만을 유지하기란 거의 불가능하다. 그래서 많은 부모들이 중간에 포기한다. "나는 안 되는 엄마인가 보다"라는 자책과 함께.

교사로서 교실에서 아이들을 지켜보면, 아이들은 어른이 어떤 상태로 그 자리에 머무는지에 훨씬 더 민감하게 반응한다. 옆에서 조용히 책을 읽는 어른, 무언가에 집중하고 있는 어른의 존재는 아이에게 자연스럽게 '지금은 각자의 일을 하는 시간'이라는 신호가 된다. 그래서 나는 완벽한 모범 엄마가 되지는 못했지만, 적어도 아이들 곁을 떠나지는 않으려 했다. 이 방식은 아이를 속이기 위한 기술이 아니라, '함께 있으면서 각자 할 일을 안정감 있게 하는 시간'을 만들어주는 전략에 가까웠다.

그리고 교실에서의 경험을 살려, 정말로 함께하기 시작했다. 아이들이 어느 정도 크면, 엄마에게도 여유가 생기기 시작한다. 시간이 나니 정말로 뭔가를 해보고 싶어졌다. 영어 공부를 하고 싶어서, 원서 읽기 소모임에 참여한 적이 있다. 옥스퍼드 리딩 트리 시리즈를 쉬운 레벨부터 읽어나가는 온라인 인증 모임이었다. 원래는 아이들 읽으라고 사놓은 책이었는데 내가 공부하기 위해 사용하게 된 것이다. 인증을 하기 위해서 책을 매일 한 권씩 읽으며 녹음했다. 아이들은 엄마가 소리내 녹음하자 달려왔다. "엄마 뭐 하는 거야?"

나는 대답했다. "매일 한 권씩 이 책을 녹음해서 인증해야 해." 아이들은 곧 자신도 녹음하겠다고 난리였다. "아잇, 엄마가 하는 거야. 너넨 하지 마."

청개구리 심리가 돋아난 아이들은 더 안달이 났다. 다음날부터 나의 읽기 녹음 파일에는 우리 집 아이들의 목소리가 함께 들어갔다. 함께 소모임을 하는 분들이 그걸 듣더니, 아이들이 정말 대단하다고 칭찬을 해줬다. 그 카톡을 그대로 아이들에게 보여줬다. 아이들은 그걸 보고 다음 날은 좀 더 잘 읽으려고 했다. 그렇게 몇 달 동안 내가 영어 책을 읽는 동안 아이들도 함께했다. 사놓은 지 3년이 넘었는데 거들떠보지도 않던 책을 매일 읽게 된 것이다. 아이들은 엄마와 함께 영어책 읽는 시간을 즐거워했다. 이제는 척이 아니라 진짜로 함께하게 된 것이다.

독서하는 모습을 보여주지 못하겠으면, 책 속에 숨겨서라도 함께하는 척하자. 공부를 할 때는 아이들이 알 수 있게, 엄마는 지금 공부하는 중이라고 보여주자. 아니면 그냥 내가 하고 싶은 걸 찾아서 해도 된다. 아이들과 함께 할 수 있는 것이면 더욱 좋다. 그저 보여주며 알려주는 것이다.

'우리 함께 열심히 살자. 우리 같이 열심히 공부하자. 엄마도 함께하고 있어. 알지?' 이렇게. 일하는 부모도, 바쁜 부모도, 그래서 잘 챙겨주지 못한 미안함이 있는 부모도 다 괜찮다. 아이는 열심히 사는 부모의 모습을 보며 열심히 자랄 테니까 말이다.

다른 사람의 권위로
아이의 자존감을
올려주는 법

아이들은 계속 커나간다. 부모의 말이 아이에게 가닿지 않는 때가 올 것이다. 우리 딸아이는 고학년이 되자 내가 하는 칭찬에 "에이, 그건 엄마가 나 기 살려주려고 그냥 하는 말이지?"라고 종종 반응한다.

아이들은 이제 집 밖에서 다른 사람들과의 관계나 상황을 더 많이 겪는다. 학교, 학원, 놀이터, 또래 관계 등이다. 학교에 오면 아이들은 또래를 보고 배우는 것이 많다. 반면에 또래를 보면서 자신을 왜곡되게 판단하기도 한다.

'저 친구는 늘 예쁘다는 소리를 듣는데 나는 아닌 거 보니 나는 못생겼나봐. 저 친구는 수업 시간에 발표도 잘하고 똑똑한데 나는 그에 미치지 못하니 나는 못하는 사람인 것 같아' 등의 생각이다.

이때부터는 가정에서의 인정만으로는 부족하다. 부모의 칭찬이 가장 잘 먹히는 때는 저학년일 때다. 그리고 그 이후로는 조금씩 타인이 그 영향력 안에 들어온다. 집에서 높여놓은 자존감은 쉬이 사라지지 않는 단단한 밑바탕이 되지만, 그럼에도 커갈수록 외부의 영향에 휘둘리지 않을 수가 없다. 아이가 이제 더 커서 외부의 영향을 많이 받는다면, 다른 이들에게 칭찬해달라고 하는 대신, 그들의 권위를 빌어와 말해주면 된다.

나는 교사이지만 교실에서 30명가량의 아이들을 다루는 일보다 집에서 내 아이 두 명을 다루는 게 더 힘들 때가 있다. 교실에서 교사의 말에는 권위가 있기 때문이다. 그러니 꼭 알려주고 싶은 것이 있다면 말에 무게가 있는 사람, 가까운 예로 선생님을 활용하면 좋다.

"담임 선생님이 우리 ○○이가 친구를 배려하는 마음이 정말 좋아졌다더라! 엄마도 정말 뿌듯하고 자랑스러웠어.", "선생님이 집에서 매일 스스로 알림장을 확인하라고 하시더라. 이것 봐봐 여기 알림장에도 쓰여 있지?" 이런 식이다.

나는 내가 교사라는 것을 우리 아이들에게도 유용하게 사용한다. "엄마가 선생님이라서 잘 알아"라는 말을 써먹는 것이다. 예를 들자면 이렇다.

"엄마가 선생님이라서 잘 알아. 선생님들은 틀리더라도 열심히 푸는 학생을 대단하다고 생각해. 엄마도 학생들을 볼 때 그렇거든. 네가 잘 못 풀더라도 수업을 열심히 듣고 최선을 다해 풀어보려고 하면 네 노력을 대견하게 생각하실 거야."

교사가 아니더라도, 학생들을 상대하는 직업이거나, 사회적으로 권위가 있는 직업, 기타 모든 직업이 다 가능하다. "너 아빠가 핫도그집 사장님인 거 알지? 아빠가 매일 얼마나 많은 학생들을 보는데. 아빠는 이제 척하면 척 전문가야. 애들은 너처럼 조용히 말없이 있는 친구도 좋아해. 차분하고 진중하다고 생각하더라고. 너도 정말 멋진 장점을 갖고 있는 거야."

꼭 내가 가진 직업이 아니어도 된다. "너 엄마가 요즘 자녀 교육서 읽는 거 알지? 그 책을 쓴 선생님이 하는 말이…" 또는 "너 옆집 아저씨가 변호사인 거 알지? 그분이 하는 말이…" 아이에게 먹힐만한 권위를 빌려오면 된다.

또 다른 권위 있는 말은 다수의 말이다. 한 사람의 말은 가벼울 수 있으나, 다수의 말이 모이면 그 무게가 상당하다. 우리가 남의 말을 믿게 되는 과정을 생각해봐도 그렇다. 한 엄마가 "김아영 선생님 책이 참 좋더라"라고 하면 그냥 흘려듣게 되지만, 여러 명이 "봤어? 그 책 정말 내용 괜찮더라"라고 하면 펼쳐 보게 된다. 그래서 나는 종종 다른 사람의 입을 빌려 아이를 칭찬한다. "엄마가 오늘 친구들한테 가서 우리 딸 자랑을 엄청 하고 왔잖아. 우리 딸이 이렇게 효녀라고 자랑했더니, 다들 그런 딸 없다며 너무 부러워하는 거 있지? 엄마 어깨가 으쓱해져서 왔다니까." 이렇게 다수의 입을 빌려 아이의 자존감을 올려줄 수 있다.

이제 부모의 칭찬이 익숙해진 아이는 밖의 누군가에게도 인정받았기 때문에 "에이, 거짓말하지 마" 하고 쓱 지나가버린다 해도 그 말을 곱씹을 것이다. '정말? 내가 그렇다고?' 아이에게 그 말들이 가닿고 가닿아 쌓일 것이다.

공부 자존감을 높이고 싶다면 저 말들을 공부와 관련된 칭찬들로 바꾸면 된다. 수학에 자신감 없어 하던 딸아이가 수학을 즐겁게 다시 시작하게 된 것도 그런 말들 덕분이었다. "서술형 문제 풀이 쓴 것 좀 보세요. 아이들 중에 이렇게 열심히 써놓은 아이 잘 없어요. 조금만 배우면 정말 잘하겠는걸요?" 딸아이는 엄마, 아빠가 함께 있는 자리에서 이런 칭찬을 들었다.

"우리 딸은 제가 숙제하란 말 한 번 한 적이 없어요. 그냥 알아서 다 해요. 쉬라고 하는데도 숙제부터 해야 한다며 붙잡고 있더라니까요." 나는 자랑을 조금 섞어 여러 사람에게 딸아이가 칭찬받게 해주었다.

권위를 잘 사용하기 위해서는 부모도 그 권위를 인정해주는 모습을 보여야 한다. 매일 옆집 아저씨가 변호사랍시고 어쩌고 하며 흉을 보다가, 그 아저씨의 권위를 빌어 "변호사님 말씀으론 말이야…."
라고 이야기하면 당연히 효과가 없다. 학교 선생님의 경우도 마찬가
지다.

　교실에서 아이들과 생활하며 가장 안타깝게 생각하는 경우가
있다. 집에서 교사를 불신하고 교육 방식에 의문을 품는 말을 자녀
가 듣는 자리에서도 하는 경우다. 이것은 아이들에게 치명적이다. 학
교에서는 담임 교사가 아이에게 가장 의지할 수 있는 믿을 만한 어
른이자 보호자인데, 부정적인 인식을 심어주면 아이는 혼란스럽다.
선생님이 조금 마음에 안 드는 면이 있다고 해도, 아이에게는 들키지
말자. 아이에게는 무조건 우리 선생님이 멋지고 훌륭한 분이어야 한
다. 그것이 학교에서 자존감 높게 지낼 수 있는 기본적 전제다. 아이
들은 매일 많은 시간을 학교 안에서 선생님의 규칙을 따르고 배워나
가기 때문이다. 그리고 그렇게 선생님이 멋진 분이어야, 그 선생님의
권위를 빌려 아이에게 말해줄 수 있다.

　"선생님이 우리 ○○이가 요즘 수업 정말 열심히 듣는다고 하시더
라.", "선생님이 우리 ○○이는 친구 배려를 잘해서 너무 멋지대.", "우
리 ○○이 담임선생님 너무 좋으신 분 같아. 훌륭한 선생님이니 선생
님 말씀 잘 듣고 수업 잘 듣고 와" 하고 말이다. 그러면 아이도 선생
님의 수업을 열심히 듣고, 그 선생님이 내주는 문제를 맞히고 싶어
하고, 그렇게 열심히 하여 얻은 점수에 뿌듯해하는 선순환이 일어날

것이다. 아이가 학교생활을 훌륭히 해내고, 칭찬받으며 학업에도 열
중할 수 있도록 응원해주자.

학군지를 현명하게
이용하는 법

현직 초등 교사로 다년간 있다보니, 자연스레 여러 학군을 경험하게 된다. 동료 교사들과 이야기 나누다보면 학교별로 분위기가 이렇게 다르구나, 하고 알게 되는 경우도 많다. 다양한 학교에서 학생들을 만나본 결과, 학군에 따라 전반적인 느낌이 다르긴 하다. 때문에 그 차이를 직접 체감한 교사들은 자녀의 교육을 위해 학군지로 많이 옮기기도 한다. 그렇다면 많은 교사들이 학군지로 가니까 우리도 무조건 학군지로 이사가는 게 좋을까?

학군지가 모든 아이에게 통용되는 정답은 아니다. 학군지로 이사가는 교사들도 많지만, 비학군지로 가거나 중간 학군지에 머무는 교사 가정도 많다. 그 판단에는 나름의 이유가 있다. 교실에서 상담을 하다보면 자녀에게 더 잘 맞을 곳을 고민하는 학부모님들을 많이 만난다. 나의 경험이 그 고민을 하는 분들에게 도움이 되기를 바란다.

학군은 크게 주요 학군지(이하 학군지), 일반 학군지, 비학군지로 나눌 수 있다. 공식적인 명칭은 아니지만 이해하기 쉽도록 편의상 이렇게 지칭하고자 한다. 사람들이 흔히 쓰는 학군지라는 용어에는 교육 환경이 좋은 지역이라는 뜻이 내포되어 있다. 강남 8학군이나 내가 지내는 대구 수성구처럼 공부를 잘하는 학생들이 모여 있는 곳이다.

먼저 주요 학군지 초등학교의 모습을 살펴보자. 이곳에는 교육열 높은 가정이 많다보니 학업 성적이 우수한 아이들 또한 많다. 사교육은 기본적으로 받고, 선행도 많이 해온다. 교사도 아이들이 수업 내용을 금방 이해하니 기본 내용을 습득시키는 데 드는 시간이 줄어, 도전 과제와 다양한 탐구 과제를 제공할 수 있다. 요즘 교육 트렌드처럼 친구들과 의견을 나누고 주도적으로 과제를 해내며 발표하는 경험도 자주 해볼 수 있다. 그리고 학습에 적극적이고, 발표도 잘하는 친구들이 많다보니 이런 또래를 보면서 배워나간다. 학습 분위기나 생활 태도들이 상향 평준화 되어 있다. 반면에, 그런 친구들 사이에서 더 잘하기 위해서는 많은 노력이 필요하다. 비학군지라면 1등이었을 아이도, 학군지에 오면 두각을 드러내기 힘들다. 반장 선거, 방송반 선출, 방과 후 수업 당첨 등 모든 면에서 다른 학군보다 더 치열한 경쟁이 필요하다. 다만 이곳의 학생들은 어려서부터 사교육과 이곳 환경에 익숙해 있기에 경쟁을 자연스럽게 느낀다.

이번에는 비학군지의 모습을 살펴보자. 학력 부분에서 두각을 나타내기에는 이곳이 학군지보다는 수월할 수 있다. 시험 난이도도 학군지보다 쉬울 것이다. 공교육에서의 수업과 평가는 아이들의 평균에 맞춰야 하기 때문이다. 그렇기 때문에 자신감이 좀 부족한 아이라면 성취하고 자존감을 높일 수 있는 기회를 더 얻을 수 있다. 수업 시간에 집중도가 낮은 아이들 비율이 학군지 보다 높은데, 그 분위기에 휩쓸리지 않을 수 있어야 한다. 만약 아이가 수업에 열심히 참여한다면, 선생님에게 집중적인 칭찬을 받을 것이고, 친구들에게도 인정을 받게 된다. 다른 학군이었다면 평범하게 보였을 수도 있는 아이가, 이곳에 와서 친구들에게 인정받고, 선생님에게 늘 칭찬받는 학생으로 지낼 수 있다. 발표를 하더라도 더 쉽게 많은 기회를 얻을 수 있다. 각종 원하는 자리에 당선되거나 지원하여 활동해보는 것도 더 자유롭다. 낮은 경쟁에서 해보고 싶은 것들을 다양하게 해볼 수 있다는 장점이 존재한다. 예를 들어, 학군지에서는 방송반 오디션이 치열하지만, 비학군지에서는 원하면 해볼 수 있는 환경이다. 실제로 비학군지에서 근무할 때, 똑똑한 몇몇 아이가 학급 임원, 방송반, 전교 임원, 사회자 등 많은 부분을 휩쓸고 다니는 것을 보았다.

일반 학군지는 학군지와 비학군지의 중간 즈음이라고 생각하면 쉽다. 경쟁, 수업 분위기, 또래 수준 등 대부분이 중간 정도이다. 그래서 비학군지에서 학군지로 바로 가는 것이 고민된다면 한 번 거쳐 가도 좋다. 일반 학군지에 적응하면서 학군지로 갈 것인지 말 것인지를 판단해보는 것이다.

앞서 설명한 학군지들의 특성에 따라 자녀의 성향상 어느 곳이 도움이 될지 한 번 고민해보기를 권한다. 주요 학군지는 이미 자존감이 높은 학생들에게 더 도움이 된다. 잘하는 또래를 보면서 위축되거나 꺾이지 않고, '나도 잘할 수 있어!' 하는 마음으로 계속 도전할 수 있는 학생들 말이다. 그런 아이들에게는 이 학군이 최고의 선택이다. 친구들과 함께 열심히 해서, 더 높은 목표를 향해 성실히 달려갈 수 있는 곳이기 때문이다.

반면에 나보다 잘하는 친구들을 보면 되려 의지가 꺾이는 성향의 아이에게는 맞지 않다. 이 아이들은 비학군지에서 자존감을 높여가는 것이 오히려 더 좋은 선택이다. '비학군지에 있으면 우리 아이가 공부를 못하는 것 같잖아. 무조건 학군지로 가겠어!'라고 생각한다면, 아이의 자존감이 가장 중요하다는 것을 잊은 것이다. 아이는 자신이 비학군지에 다니는지 주요 학군지에 다니는지 모른다. 그에 따른 열등감도 없다. 그건 부모의 생각일 뿐이며 어른들이 나눈 기준일 뿐이다.

학군지에 얽힌 정말 다양한 사례를 알고 있다. 비학군지에 있다가 학군지로 전학을 갔다는 한 친구는, 전학 후 처음 받아 든 성적표에 충격을 받고 집에 가서 내내 울었다고 했다. 이전 학교에서는 1등을 했는데, 전학 후 하위권 등수가 나온 것이다. 이 참담한 결과를 받아들고 나면 아이들은 두 가지 선택 앞에 놓인다. 하나는 눈에 불을 켜고 열심히 공부하는 것이고, 또 다른 하나는 좌절하고 의욕이 꺾인 채로 시간을 보내는 것이다. 전자를 선택한 아이도 보았고, 후자를 선택한 아이도 보았다. 꾸준히 교사로서 비슷한 사례들을 접한다. 아이 공부시키겠다고 학군지에 갔다가, 적응을 못 하고 자존감만 낮아져서 다시 원래 살던 곳으로 돌아왔다는 경우도 있고, 만족하고 잘 지내는 집도 있다.

비학군지도 잘 활용하면 좋다. 아이가 공부 자존감을 높이는 데 좋은 환경이기 때문이다. 한번 1등을 해본 아이는, 다시 내려가고 싶어 하지 않는다. 성취의 열매가 얼마나 달콤한지를 맛보았기 때문이다. 나 또한 공부가 하기 싫으면서도 꾸역꾸역 해나간 이유도 그 때문이었다. 한 번 맛본 1등의 경험은 나의 공부 자존감을 아주 크게 높여주었고, 그 경험이 고3 끝날 때까지 포기하지 않고 공부하도록 이끌었다. <u>한 번 해내본 사람은, 본인이 할 수 있음을 알기에 계속해서 나아간다.</u> 아이들에게 그런 맛을 보게 해주려면, 비학군지는 좋은 선택이다. 후에 더 높은 학군지로 전학을 가서, 쓰라림을 맛보더라도 아이는 계속해서 해내려고 할 것이다. 잘한다고 칭찬받던 경험이 있었으니까. 그때의 자신을 자랑스러워하던 부모님의 표정을 보았으니까. 이미 그 달콤함을 맛보았으니까 말이다.

물론 모든 아이를 일반화할 수 는 없다. 전반적인 분위기를 이야기한 것이니 취사선택하여 참고하기를 바란다.

# 5부

아이를 위해
학교와 가정의
양육법에
균형을 잡아주세요

아이를 위해 부모가 해보는 최고의 연기자 미션

아이의 성적을 위해 집에서 당장 해볼 수 있는 미션을 소개한다. 아이들이 즐거워하면서도 즉각적으로 자존감 상승효과를 얻을 수 있는 것들이다. 학교나 집에서 아이들과 함께한 경험을 바탕으로, 각 가정에서도 따라 할 수 있도록 안내할 예정이니, 자녀들과 해보기를 추천한다.

'최고의 연기자 되기' 미션은 부모들이 해내야 하는 미션이다. 아이 앞에서 아이를 무조건적으로 믿어주는 연기를 하는 것이다. '너는 정말 멋진 사람이야. 넌 해낼 수 있어. 엄마, 아빠는 알아'라는 마음을 아이가 진짜라고 느끼도록 연기해야 한다. 물론 연기가 아니라 진심으로 그렇게 생각하는 부모들도 있을 것이다. 굳이 연기라는 단어를 쓴 것은, 아이가 혹은 부모 스스로가 의심이 들 때조차도 연기하라는 의미다. 그래서 이것은 부모의 미션이다. 생각보다 쉽지 않을 수 있다. 마음에 들지 않는데도 칭찬을 해줘야 할 때는 답답할 수도 있다. 아이의 어떤 점을 콕 짚어서 지적하고 싶은 마음이 터져 나오는데도 눌러야 하니 힘겨울 수 있다.

이 미션에는 단계가 있다. 순서에 상관없이 해도 되지만, 따라 하기 쉽도록 단계적으로 안내한다.

1단계: 칭찬 연기

칭찬이라고 하면 진부할 수 있지만 첫 번째 단계로 다시 한 번 이것을 강조할 수밖에 없다. 여기서 오해하면 안 되는 것이, 아이가 해서는 안 될 행동을 했을 때에도 칭찬해주라는 뜻은 아니다. 예를 들어 동생을 때렸을 때, 예의에 어긋나는 행동을 했을 때, 다른 사람에게 피해를 주었을 때는 당연히 칭찬하면 안 된다. <u>아이에게 어떤 과제가 주어졌는데 조금 미흡하게 해냈을 때 칭찬하자는 것이다.</u>

우리 집은 가족회의를 통해 아이들을 포함해 가사를 분담했다. 아이들도 제각기 맡은 집안일이 있다. 그중 하나는 자신의 빨래를 스스로 개어서 옷장에 넣는 것이다. 빨래를 스스로 개는 것은 아이들이 다섯 살 때부터 하기 시작했다. 처음에는 당연히 제대로 개지 못했다. 큰아이가 다섯 살이 되었을 때는, 내가 건조된 빨래를 우르르 쏟아놓고 양말 짝 맞추기와 수건 개기만 아이들 몫으로 주었다. 수건은 가지런히 개어 놓지 않으면 화장실 선반에 넣어두었을 때 엿보기가 별로다. 그렇지만 그 거슬림을 꾹 참고 아이들이 애써 개어놓은 빨래를 그대로 두었다. "이건 비뚤어서 다시 개어야겠다!" 하고 부모가 다시 개어 버리면 아이들은 흥을 잃는다. 대신에 "우와! 이렇게 수건을 잘 개는 다섯 살 어린이는 없을 거야!"라고 말하며 박수쳐주었다. 아이는 그 후로 수건을 아주 자랑스럽게 개어두었다. 가끔 수건을 좀 더 반듯하게 개는 법을 알려주었더니 날이 갈수록 실력이 늘었다.

"지금 정말 잘 했는데, 모서리를 잘 맞춰서 이렇게 개면 더 예쁘게 완성돼."

"엄마, 이렇게?"

"와아! 맞아! 어쩜 이렇게 한 번에 척척 알아듣는 거야? 봐! 네가 보기에도 훨씬 더 잘 됐지?"

"응! 그렇네. 앞으로 이렇게 갤 거야!"

"정말 잘한다. 이제는 엄마보다 더 잘 개겠는걸?"

그리고 언젠가부터는 시키지 않았는데도 발 디딤대를 놓고 수건을 화장실 선반에 넣어두기까지 했다. 그때도 나는 과한 연기를 섞어 칭찬했다.

"어머! 시키지도 않았는데 수건을 넣은 거야? (짝짝짝!) 어떻게 손이 닿은 거야?"

"디딤대를 놓고 올라갔지."

"어쩜 그런 생각을 했어? 대단하다! 우리 딸이 수건을 넣기까지 해주니까 엄마 일이 훨씬 줄었네. 정말 고마워!"

100퍼센트 연기는 아니었다. 진심으로 감격스러웠다. 내가 할 수 있는 표현보다 조금 더 과장했을 뿐이었다.

이렇게 조금 더 과장해서 칭찬해주면 아이는 자신이 굉장히 대단한 일을 했다고 생각하고 자존감이 높아진다. '나는 이런 것도 해내는 멋진 어린이야!'라고 부모의 말대로 생각하는 것이다. 똑같은 일을 했는데도, 칭찬을 받은 아이와 그렇지 않은 아이는 자신에 대한 생각이 다르다. 수건을 개어 넣은 것을 당연하게 여기고 그냥 지나친 부모의 아이는, 자신이 얼마나 기특한 일을 해냈는지 모른다. 부모의 생각을 조금만 바꾸면 정말 대단한 아이 아닌가. 마냥 칭얼거리고 도움을 청하는 나이에, 집안일까지 돕다니 말이다. 이토록 아이들은 자신을 부모의 눈을 통해 인식한다. 그러므로 듬뿍 칭찬해야 한다. 해낸 경험과 그때 부모의 표정을 오래도록 기억하도록.

2단계: 자랑 연기

여기서 끝내지 말자. 나는 학부모 상담 때 아이를 다른 사람들에게 자랑해보라고 권한다. 가장 쉬운 것은, 낮에 이런 일을 직접 보지 않은 남편에게 자랑하는 것이다.

"여보, 오늘 소은이가 수건을 개었는데, 얼마나 잘 갠 줄 알아? 나중에 화장실 가서 봐봐. 그거 다 우리 소은이가 갠 거다?"

"정말? 소은이 이제 수건도 갤 줄 아는 거야?"

"응! 그것뿐만이 아니야. 이제 심지어 수건을 개서 넣기까지 한다니까? 진짜 대단하지 않아? 뉴스에 나올 일이야!"

"이야, 우리 딸 대단하네. 똑똑한 데다가 완전히 효녀네. 효녀."

이런 부모의 대화를 들은 아이는, 어깨가 으쓱해진다. 아이는 단숨에 대단한 일을 해낸 데다가, 부모를 도운 효녀가 되었다.

가족 모임 자리가 있다면, 더 많은 가족들 앞에서 아이를 자랑하자. 우리 아이를 예뻐해주는 조부모님과 이모, 삼촌 등에게. 가족들은 기꺼이 아이를 위해 함께 연기에 동참할 것이다. 게다가 엄마와 아빠가 다른 사람들 앞에서 자신을 칭찬하며 으쓱해하는 모습을 보면, 아이는 부모의 연기를 믿을 수밖에 없다. 많은 사람들 앞에서 인정받은 아이는 계속해서 잘해내고 싶을 것이다. 계속해서 자랑스러운 아이가 되고 싶을 것이다.

하나 더 첨언하자면, 아이가 둘 이상인 집에서는 칭찬도 골고루 해주어야 한다. 한 반에 학생들이 20~30명쯤 되는데, 자칫하면 두각을 보이는 학생들에게만 칭찬이 쏠릴 수도 있어 신경을 쓴다. 늘 손을 먼저 드는 아이, 결과가 눈에 띄는 아이에게 칭찬이 돌아갈 수 있기 때문이다. 그래서 의도적으로 시선을 넓혀, 앞에서 잘한 아이를 칭찬한 뒤에는, 뒤에서 조용히 자신의 몫을 해낸 아이를 함께 칭찬해야 한다. 발표를 잘한 아이를 칭찬하고 난 뒤, 조용히 잘 들어준 아이들의 태도도 함께 칭찬해주는 것이다. 그래야 아이들은 서로를 경쟁자가 아니라, 같은 반을 함께 만들어가는 친구로 받아들이고 협동하게 된다. 가정에서도 마찬가지다. 아이들이 서로에게 경쟁심을 갖지 않고, 둘이 힘을 모아 부모님을 기쁘게 하려 노력할 수 있도록 골고루 칭찬해주자.

3단계: 너는 멋진 사람이라고 주입하기

아이에게 네가 얼마나 멋진 아이인지를 주입하는 것이 3단계다. 이 방법은 학교에서도 종종 사용된다. 가령 운동회 행사가 있는 날이라고 하자. 담임 교사는 학생들에게 말해줘야 할 게 정말 많다.

"친구를 밀치면 안 됩니다. 줄 잘 서세요. 설명을 잘 들으세요. 떠들면 안 됩니다. 자리를 말없이 이탈하지 마세요."

사실은 아이들도 뭘 하면 안 되는지를 이미 다 알고 있다. 더 이상 사회생활 한두 해 해본 초짜가 아니다. 아이들에게 하지 말아야 할 것들을 늘어놓는 대신, 이렇게 말하는 것이다.

"지난번 행사 때 보니까, 우리 반이 진짜 제일 멋지더라. 선생님이 말 안 해도 알아서 줄 잘 서고, 떠드는 친구 있으면 서로서로 조용하라고 알려주고, 진짜 얼마나 자랑스러웠는지. 전교 선생님들한테 '우리 반 애들 얼마나 잘하는지 보세요!' 하고 자랑하고 싶더라니까? 선생님이 어제도 옆 반 선생님들한테 우리 반 학생들은 알아서 딱딱 질서 잘 지킨다고, 운동회 때 한 번 보시라고 막 자랑해놓은 거 있지? 우리 오늘 보여주자! 우리가 얼마나 멋진 반인지! 알았지?"

그러면 아이들은 이미 운동장에 나가기 전 멋진 갑옷을 장착해서 나간다. '우리 반은 멋진 반이야. 선생님은 우릴 믿고 계셔' 하는 보이지 않는 갑옷.

'주입하기'는 집에서 아이들에게도 적용할 수 있다. "엄마는 네가 얼마나 스스로 잘하는 아이인지 알아. 정말 자랑스럽다." 그리고 자기 전 꼭 안고 말해주는 것이다. "오늘 하루도 정말 멋졌어. 역시 엄마 딸/아들이야."

당장 오늘 아이에게 주입해보길 바란다. 뭐라도 괜찮다. 매일 하는 양치를 할 때도 "어머 스스로 양치를 하고 있네? 역시 넌 정말 멋진 아이야! 엄마가 말하지 않아도 알아서 하다니!" 하고 말해주자. 학교를 별 탈 없이 다녀온 날도 "이야 우리 ○○이는 어쩜 이렇게 매일 씩씩하게 학교를 잘 다녀오지? 다 컸구나. 엄마는 네가 학교생활을 의젓하게 해낼 거라고 믿어!"라고 해보자.

생각해보면 아이가 해내는 모든 것들 중 당연한 건 없다. 기특하게 나에게 와준 것도. 걷기 시작한 것도, 말하기 시작한 것도, 그리고 지금 이렇게 건강하게 곁에 있는 것도. 이 미션을 해낼 요량으로 하나하나 칭찬거리를 찾다 보면 무궁무진하다. 그리고 이 미션을 몇 번 하다 보면 아이도 그대로 되돌려준다.

"우와, 엄마 오늘도 맛있는 요리를 했네?", "우리 엄마가 최고야!" 하고 말이다.

아이의 말투는 부모를 닮으니까.

아이 마음에
숨겨진 보물

이제 우리 아이와 함께 보물찾기를 해보자. 어릴 적 소풍을 가서 보물찾기를 해본 적이 있을 것이다. 선생님들이 숲 곳곳에 숨겨둔 쪽지를 찾아내고 말 거라며 신나게 뛰어다닌 그 놀이 말이다. 한낱 쪽지였지만, 우린 정말로 보물을 찾아낸 양 환호했다. 이제부터 우리는 그때의 그 마음으로 아이들이 숨겨둔 보물을 찾을 것이다. 실제로 쪽지를 숨겨둘 필요는 없다. 우리는 쪽지가 아닌, 아이들 마음속에 숨겨진 보물을 찾을 테니까.

교사들에게는 이미 유명한 '버츄프로젝트Virtues Project'라는 것이 있다. 버츄프로젝트는 학급 경영에서 학생들의 긍정적인 인성과 태도를 함양하기 위해 사용하는 인성 교육 프로그램이다. 이 프로젝트의 핵심 철학은 "모든 학생은 이미 내면에 훌륭한 미덕Virtue을 지니고 태어났다"이다. 미국에서 당시 나날이 증가하는 아이들의 폭력 문제를 다루기 위해 1991년 처음 개발된 이 프로그램은 한국 학교 현장에도 소개되어 많은 교사들이 관련 연수를 받고 적용하고 있다.

나도 다년간 교실에서 버츄프로젝트를 활용하고 있다. 버츄프로젝트는, 모든 사람은 내면에 52가지 미덕의 보석을 지니고 있고 그것을 캐내어 빛나는 보석으로 드러내 보이기만 하면 된다고 믿는다. 아이들도 자기 안에 숨은 보석을 발견하고 깨달으면, 그 미덕을 더욱 발전시켜 올바른 방향으로 성장할 거라는 이 이론에서, 교사의 역할은 그 보석을 발견하고 자신의 미덕을 깨닫도록 돕는 것이다.

몇 해 전 우리 반에는 학업 성적도 낮고 늘 자신감이 없던 동훈(가명)이라는 아이가 있었다. 동훈이는 발표도 잘 하지 않는 학생이었다. 그러다 '칭찬받은 경험 발표하기' 수업 중에 동훈이가 손을 번쩍 들었다. 너무 반가워서 발표를 하라고 했더니, "선생님이 저에게 용기의 미덕이 있다고 칭찬해주셔서 감사했습니다"라고 말했다. 그전까지 다른 학생들은 부모님께 칭찬받은 경험을 말하고 있었기 때문에 고맙기도 했고, 살짝 놀랐다. 수업 중에 지나가듯이 내가 한 말을 내내 기억하고 있었던 것이다. 동훈이가 동화 속 주인공처럼 대단한 용기를 냈던 건 아니었다. 그저 모르는 것을, 모르겠다고 물어보았던 아이를 칭찬해준 것이었다.

"모르는 걸 모른다고 솔직하게 인정하고 물어보는 건 정말 용기 있는 일이야. 우리 동훈이는 용기의 미덕이 반짝반짝 빛나는구나!"

동훈이는 그 후로도 오래, 자신을 용기 있는 사람으로 기억했다.

반에서는 '미덕의 보석 찾기 놀이'를 통해, 교사뿐만 아니라 친구들도 함께 서로 마음속 보석을 찾아준다. 많은 사람들이 찾아준 자신의 미덕을 보면서, 학생들은 정말로 기뻐한다. 이런 경험을 통해 자존감도 높아진다. 그러나 학교에서 이런 활동을 하기에는 한계가 많다. 진도만 나가기에도 바쁜 수업 시간에, 따로 시간을 빼서 이런 활동들을 하기에는 어려움이 있기 때문이다. 그래서 집에서 평소에 부모님들이 이 미션을 활용한다면 아이들에게는 엄청난 자존감을 높여주는 즐거운 시간이 될 것이다. 버츄프로젝트에서 말하는, 52가지의 미덕을 살펴보자.

미덕의 보석들

감사	결의	경손	관용	근면	기뻐함	기지	끈기
너그러움	도움	명예	목적의식	믿음직함	배려	봉사	사랑
사려	상냥함	소신	신뢰	신용	열정	예의	용기
용서	우의	유연성	이상 품기	이해	인내	인정	자율
절도	정돈	정의로움	정직	존중	중용	진실함	창의성
책임감	청결	초연	충직	친절	탁월함	평온함	한결같음
헌신	협동	화합	확신				

이것들 중에 우리 아이가 지금 보인 행동은 어떤 미덕에 가까운 지를 생각하고 언어로 말해주는 것이다. 아이는 부모의 말에 따라 자신을 인식한다고 했다. 그러니 아이는, '어? 내 마음속에 이런 보석이 정말 있었구나? 나는 ○○한(하는) 사람이었구나?' 하면서 자기 자신을 보석을 가진 멋진 존재로 인식하게 된다.

가령 아이가 하교 후에 가방을 던져놓고 널브러져 간식을 달라고 하는 상황이라고 하자.

"엄마, 나 너무 힘들어. 어제 사놓은 과자 먹을래."

"우리 ○○이 학교 다녀오느라고 고생이 많았구나. 너는 매일 책임감을 갖고 빠짐없이 학교 수업을 듣고 오네. 우리 ○○이는 오늘도 책임감의 미덕이 빛나는구나. 정말 멋지다."

그러면 아이는 내색하지 않더라도 이렇게 생각할 수 있다. '어? 내가 책임감이 있는 멋진 아이였나? 그러네. 나는 힘들어도 매일 학교를 꼬박꼬박 가고 있잖아? 나에겐 책임감의 미덕이 있구나!'

"그리고 엄마는 ○○이가 어떤 간식이 먹고 싶은지 정확하게 말할 수 있는 소신의 미덕도 발견했어. 정말 멋지다. (던져놓은 가방을 가리키며) 그럼 간식을 먹기 전에, 가방을 어떻게 해놓고 싶어? 정돈의 미덕이 너를 도와줄 거야."

물론 어느 날 갑자기 이렇게 말하면 아이가 어리둥절해할 테니, 이 미션 전에 아이에게 미덕의 보석들에 대해 한 번 설명해주는 대화의 시간이 필요하다.

"사람은 누구나 마음속에 52가지의 미덕을 가지고 태어난대. 우리 이제부터 서로 어떤 보석을 빛내고 있는지 찾아보자" 하면서 미덕의 보석들을 잘 보이는 곳에 붙여두기를 권한다. 인터넷에 '미덕의 보석들'을 검색해보면 한국버츄프로젝트에서 만든 표가 나올 것이다.

아이가 미덕의 단어에 대해 의미를 잘 모른다면, 해석본을 보며 설명해줄 수도 있다. "결의는 '굳게 마음을 정하고 흔들리지 않는 태도'라는 뜻이야. 네가 어제 자기 전에 숙제를 마치기로 마음먹고 끝까지 해냈잖아? 그럴 때 '결의'의 보석을 밝혔다고 할 수 있지."

미덕의 보석 해석표

미덕	뜻 (해석)
감사	고마움을 느끼고 그것을 표현하는 마음.
결의	굳게 마음을 정하고 흔들리지 않는 태도.
겸손	자신을 낮추고 남을 존중하며 뽐내지 않는 태도.
관용	생각이나 믿음이 다른 사람을 너그럽게 받아들이는 마음.
근면	맡은 일을 부지런하고 꾸준하게 해내는 태도.
기뻐함	일상에서 기쁨을 찾고 긍정적인 태도를 갖는 것.
기지	상황에 맞게 재치 있고 슬기롭게 대처하는 능력.
끈기	어려움이 있어도 포기하지 않고 끝까지 해내는 힘.
너그러움	마음이 넓어 다른 사람의 잘못을 용서하고 베푸는 태도.

도움	다른 사람을 기꺼이 돕고 지원하는 마음.
명예	자신의 품위와 가치를 소중히 여기고 올바르게 하는 행동.
목적의식	삶이나 행동에 뚜렷한 목표를 가지고 나아가는 태도.
믿음직함	약속을 잘 지키고 맡은 일을 책임 있게 해내어 믿을 수 있는 태도.
배려	다른 사람의 입장이나 필요를 먼저 생각하고 챙겨주는 마음.
봉사	다른 사람이나 공동체를 위해 대가 없이 돕는 헌신.
사랑	아끼고 소중히 여기며 대하는 따뜻한 마음.
사려	여러 면으로 깊이 생각하고 조심스럽게 행동하는 신중함.
상냥함	부드럽고 친절하며 다정하게 사람을 대하는 태도.
소신	자신이 옳다고 믿는 바를 굳게 지키는 태도.
신뢰	상대방을 굳게 믿고 의지하는 마음.
신용	다른 사람이 믿을 수 있도록 말과 행동을 일치시키는 태도.
열정	어떤 일에 쏟는 뜨거운 마음과 에너지.
예의	상대방을 존중하여 공손하고 바르게 하는 말과 행동.
용기	두려움이나 어려움에 맞서는 씩씩한 마음.
용서	다른 사람의 잘못이나 내 상처를 너그럽게 흘려보내는 마음.
우의	친구나 동료 사이에 변함없는 믿음과 의리.
유연성	변화나 다른 의견을 잘 받아들이고 상황에 맞게 적응하는 태도.
이상 품기	더 나은 가치나 세상을 꿈꾸고 그것을 이루려 노력하는 태도.
이해	다른 사람의 마음이나 상황을 깊이 헤아리고 공감하는 태도.
인내	어려움이나 불쾌함을 참고 견디며 기다리는 힘.
인정	사실이나 다른 사람의 가치를 있는 그대로 받아들이는 마음.
자율	스스로 판단하고 결정하며 자신을 조절하며 행동하는 태도.
절도	감정이나 행동이 지나치지 않도록 알맞게 조절하는 마음.

정돈	주변을 깔끔하게 정리하고 계획적으로 일을 처리하는 태도.
정의로움	옳고 그름을 가려 공정하고 바르게 하는 행동.
정직	거짓과 꾸밈없이 솔직하고 바르게 하는 말과 행동.
존중	다른 사람의 인격, 의견, 가치를 소중하고 귀하게 대하는 태도.
중용	어느 한쪽으로 치우치지 않고 균형을 잡는 태도.
진실함	마음과 말, 행동이 참되고 거짓이 없는 마음.
창의성	새롭고 독창적인 생각을 해내거나 만드는 능력.
책임감	자신이 맡은 일이나 행동의 결과를 끝까지 다하려는 마음.
청결	몸과 마음, 주변 환경을 깨끗하게 유지하는 태도.
초연	감정이나 욕심에 얽매이지 않고 객관적이고 평온한 태도.
충직	진심으로 충성스럽고 정직하게 맡은 바를 다하는 태도.
친절	따뜻하고 다정하게 다른 사람을 대하는 태도.
탁월함	자신의 최선을 다해 남보다 뛰어나고 훌륭한 수준에 도달하려는 노력.
평온함	마음이 고요하고 평화로우며 갈등을 일으키지 않는 태도.
한결같음	처음의 마음이나 태도를 변함없이 꾸준히 유지하는 마음.
헌신	어떤 일이나 사람을 위해 자신의 시간과 노력을 아낌없이 바치는 마음.
협동	공동의 목표를 위해 서로 힘과 마음을 합쳐 돕는 행동.
화합	서로 다른 생각이나 의견이 조화를 이루어 하나가 되는 마음.
확신	자신의 능력이나 결정, 믿음에 대해 굳게 믿는 마음.

일상에서 이렇게 말로만 주고받는 것보다, 놀이를 접목하면 더 즐겁게 할 수 있다. 색종이로 삼각 접기를 두 번 한 후, 윗 삼각형만 반으로 접으면 이렇게 보석 모양의 종이접기가 완성된다.

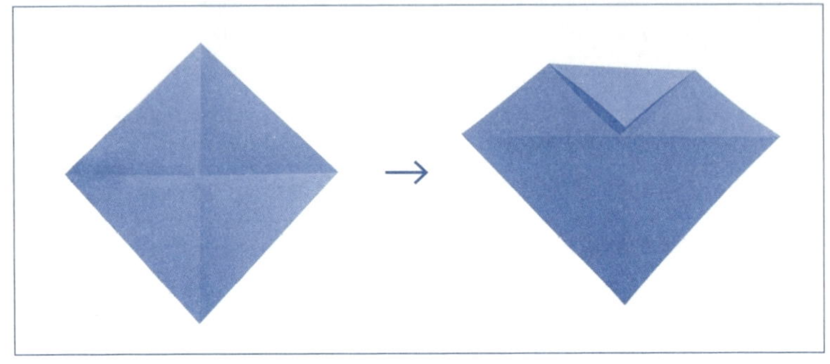

이 보석은 아이의 가슴에 붙게 될 것이다. 마음속의 보석은 보이지 않지만, 우리가 찾아서 아이에게 말로 해줌으로써 드러난다. 그리고 그것을 더 시각화하여 써서 붙여주는 것이다.

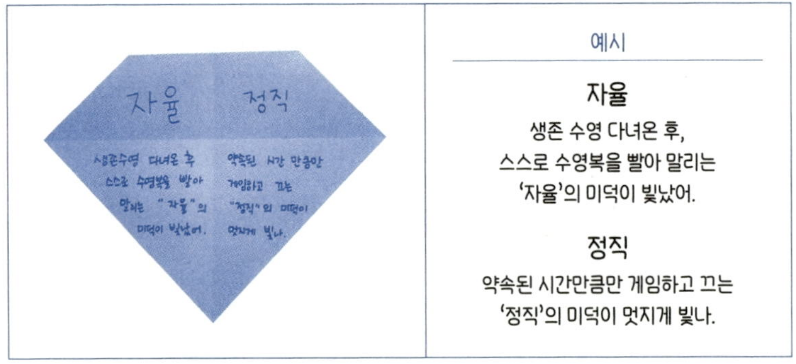

예시

자율

생존 수영 다녀온 후,
스스로 수영복을 빨아 말리는
'자율'의 미덕이 빛났어.

정직

약속된 시간만큼만 게임하고 끄는
'정직'의 미덕이 멋지게 빛나.

보석 찾기 놀이는 1주일에 1회만 해도 좋고, 한 달에 한 번을 해도 좋다. 지난 일주일간 서로를 관찰한 결과 어떤 미덕을 가장 빛냈는지 찾아서 적어주는 것이다. 우리 가족은 4명이라서 한 사람에게 3개의 보석이 붙는다. 한 개만 적어도 되지만, 많이 찾으면 여러 개를 적어도 좋다. 이것이 매주 쌓이면 아이의 방 한 켠에 모아 붙여주자. 그러면 아이는 매일 오가며 자신이 얼마나 빛나는 사람인지 보게 될 것이다. 살아가면서 찾아야 할 진짜 보물은 바로 이것이 아닐까.

지금 내 아이와
나눠야 할 온기

아이와 오래 헤어져 있게 된다면 무엇이 가장 그리울까. 영상 통화로도, 남겨진 사진과 영상들로도 해소할 수 없는 것 말이다.

〈너를 만났다〉라는 TV 프로그램이 있다. 몇 해 전부터 EBS에서 명절 특집으로 방영해주는 프로그램인데, 세상을 떠난 가족을 VR 기술로 재현하여 만나게 해준다. 몇 해 전 갑자기 하늘을 떠난 딸, 아내, 엄마 등의 외모와 목소리, 평소 습관까지 그대로 복원하여 가상 현실VR로 재회시켜준다. 가족들은 VR 기계를 쓰고 기술로 구현해낸 그리운 이를 만난다. 몇 년 동안 말 못 할 슬픔과 그리움을 안고 살던 그들은 다시 만난 가족에 눈물을 쏟는다. 그 모습을 시청

하는 나도 울지 않을 수가 없었다.

그 와중에 너무도 안타까운 점이 있었다. 바로 눈앞에서 보고, 대화도 나눌 수 있지만, 만질 수가 없다는 것이다. VR 기계를 쓰고서야 아내를 만난 남편은 보자마자 눈물을 흘리며 아내의 손을 잡으려 한다. 그러나 남편의 손은 아내의 손을 그냥 스쳐 가버린다. 허공에서 몇 번 휘적거리다가 '아, 만질 수 없는 거였지' 하며 이내 포기한다. 그리고 또 한 번 아내를 마주보다 두 팔로 안아본다. 그러나 역시 또 그의 팔은 허공을 몇 번 지나다 말았다.

사랑하는 이가 나를 떠날 때 가장 슬프면서도 가장 그리운 것이 바로 그 사람과의 스킨십이다. 다시 안고 싶고, 다시 만지고 싶다. 사람들이 산소에 가서, 납골당에가서, 수목장에서 가장 흔히 하는 행동이 무덤을 끌어안고, 유골함을 끌어안고, 나무를 끌어안는 이유다. 그것으로나마 사랑하는 이를 느낄 수 있기를 바라면서.

마다가스카르의 한 마을에는 7년에 한 번 정도 가족묘에서 시신을 꺼내어 천 갈이를 하는 의식이 있다고 한다. 〈태어난 김에 세계 일주〉라는 예능 프로그램에서 그 풍습이 소개되었는데, 7년 만에 시신으로나마 만난 가족을 보자마자 가장 먼저 하는 일은 그들을 품에 안는 것이었다. 가족을 잃었다가 다시 만난 이들은 천에 싸인 시신을 내내 끌어안으며 그리움을 달랬다.

'만지고 싶다. 다시 온기를 느끼고 싶다.' 이것은 사랑하는 이에게 느끼는 가장 본능적인 감정일 것이다. 그래서 우리는 지금이 아니면 절대 할 수 없는 것, 지금 하지 않으면 후회할 그것을 해야만 한다. 바로, 가장 사랑하는 내 아이와 온기를 나누는 것이다.

아이는 태어날 때부터 부모의 품을 좋아한다. 울다가도 안아 올리면 금세 그치고, 잠투정을 하다가도 안아서 재우면 금세 잠잠해진다.

'너는 왜 안아줘야만 자니….' 하며 힘들어한 적이 모든 부모에게 있을 것이다. 그러나 아이의 입장에서 생각해보면, 엄마의 품이 가장 안전하고 포근한 장소이다. 뱃속에서부터 들어온 엄마의 심장박동, 엄마의 숨소리, 엄마의 온기… 내 아이뿐 아니라 교실에서 만난 수많은 내 학생들도 안아주기를 정말 좋아했다.

이 미션은 때와 횟수가 정해져 있지 않다. 자주 할수록 좋다. 그러나 아직 자연스럽지 않은 집이라면, 아이들과 함께 하루에 한 번 안아주기 시간을 가져보자. 스킨십이 적었던 부모가 갑자기 안으려고 하면 부쩍 큰 아이는 밀어낼지도 모른다. 그러나 꺾이지 말고 계속해보기를 권한다. 부끄러워하면서도 좋아할 것이다. 그리고 점점 자연스럽게 느낄 것이다. 그냥 1초 만에 포옹하고 끝나는 것이 아니라 길고, 진지하게 안아주어야 한다. 나는 학부모 상담 때도 최소한 20초 이상은 안아주기를 권한다. 놀이처럼 다음번에는 30초, 그 다음 주에는 40초, 1분까지도 해보는 것이다. 어느새 놀이보다 부모와 안는 것 그 자체가 좋아질 것이다. 시간이 길어질수록 꼭 끌어안고 나눌 수 있는 사랑의 대화도 길어진다. 낯간지럽더라도 아이를 꼭 안고, "우리 딸 사랑해. 너무너무 사랑하는데 표현을 다 하지 못했어. 엄마는 너를 이렇게 꼭 안고 있는 시간이 너무 좋아" 하고 먼저 표현해주자.

우리 집에서는 이 미션을 아이들과 재미있게 "충전!"이라는 말로 바꾸어 신호를 보낸다. 아이들에게 갑자기 20초 안기를 하자고 하면 뜬금없다고 생각할지도 모른다. 그럴 때는 "엄마가 책에서 읽었는데, 이게 정말 좋은 거래" 하면서 시작하면 된다. 우리 집 아이들은 내 제안에 아주 반가워하며 동참해주었다. 20초 안아주기를 3일 정도 했는데, 또 작심삼일이 되었다. 딱 3일하고 잊어 버렸다. 그런데, 다음 날 아이가 먼저 와서 "엄마, 안아주기 해야지" 하며 나를 안았다. 그 후로 매일 아이가 "엄마 사랑해" 하고 다가와 안아주면 하던 일을 다 제쳐놓고, 꼭 안아주었다. '이 시간만은 절대 놓칠 수 없어!' 하는 마음으로 말이다.

첫째가 그렇게 안고 있으면, 둘째도 "나도, 나도!" 하며 와서 안는다. 그리고 삼각형이 되어 셋이 꼭 끌어안는다. 그렇게 긴 시간 아이와 안고 있다보면, 믿기지 않을 만큼 심신이 편안해진다. 하루의 피로가 다 풀리고 방전되었던 배터리가 충전되는 기분이다. 그래서 아이들을 꼭 안으며 말했다.

"너희는 엄마의 마음 충전기야. 이렇게 안으면 행복이 100퍼센트 충전돼! 고마워."

그 후로는 "충전!" 하면서 다가와 안아주기도 하고, 나 또한 "엄마 충전 다됐네!" 하고 웃으며 말해주기도 한다. 그 후로 우리 집은 "안아줘" 대신 "충전!"이라고 말한다. 사랑하는 부모님께 힘이 되어 준다는 것이 아이에게 얼마나 큰 자존감을 심어주는지, 부모님들이 꼭 알아주었으면 한다.

우리 반 학생들에게도 숙제로 내준 적이 있다. 알림장에 '부모님과 20초 안기'라고 써주고, 집에 가서 해보라고 안내했다. 다음날 아이들의 호응도는 가히 폭발적이었다.

"선생님 오늘도 알림장에 적어주세요! 매일 적어주세요!"

"그렇게 좋으면 앞으로 매일 하면 되잖니."

"엄마가 알림장에 적혀 있어야지만 해준단 말이에요. 그러니까 꼭 적어주세요. 네?"

아이들에게 뭐가 그렇게 좋았냐고 물어보았다.

"엄마가 저를 꼭 안고는, 20초 동안 저를 많이 사랑한다고 말해주셨어요. 저는 그 시간이 정말 좋았어요."

이렇게 말하는 아이들의 표정은 더없이 행복해 보였다. 아이들의 눈이 밝게 빛나고 있었다. 어떤 훌륭한 수업 활동을 해도 얻어내기 쉽지 않은 표정들이었다. 우리 반에서 가장 다루기 힘든 학생도 눈빛을 반짝이며 똑같이 말했다. 그 아이의 순해진 표정을 보며 확신

했다. '부모님과 꼭 안고 있는 그 순간이 아이들에게 이렇게 큰 정서적 안정을 주는구나.'

단순히 한 번 안는 게 아닌, 길게 안고 있으라고 권하는 이유는 아이들의 정서 안정과 행복, 자기 유능감 등에 큰 도움이 되기 때문이다. 20초 동안 안으라고 하면, 20초 동안 시간만 재고 있는 사람은 잘 없을 것이다. 그동안 아이와 꼭 안고, 아이의 온기를 느끼고, 숨소리도 듣고, 냄새도 맡으며, 사랑의 대화를 나누게 될 것이다.

오늘 엄마 아빠가 힘들었는데 네가 안아주어서 얼마나 행복한지, 조그맣던 네가 어느덧 많이 커서 얼마나 더 품이 넓어졌는지, 네가 아기일 적에 엄마 아빠 품을 얼마나 좋아했는지. 그렇게 사랑의 대화를 나누다보면 20초가 짧을 것이다. 곧 1분 이상도 거뜬히 안을 것이다. 서로의 심장 박동이 맞춰지면서 편안하고, 안정되어갈 것이다. 부모님도 아이의 심장 소리를 듣고 따뜻한 온기를 느끼며 내가 얼마나 행복한 사람인지에 대해 생각하게 될 것이다.

실수로 아이에게 화를 냈어도 괜찮다. 바빠서 아이와 시간을 많이 보내지 못했어도 괜찮다. 아이는 이 20초면 모든 것이 괜찮아질 것이다. 아이는 부모를 너무너무 사랑해서, 부모님이 나를 사랑한다는 이 20초의 확신이면 다 용서할 수 있다. 또한, 아이는 이 20초의 충전으로, 24시간을 씩씩하게 살아갈 힘을 얻는다. 내가 부족해도 늘 나를 안아주고 사랑한다고 해주는 부모님이 있으니까. 이것이 가장 쉽고 빠르게, 자존감 충만한 아이로 키우는 길이다. 그러니 꼭 안 아주자. 오늘 안을 수 있는 오늘 시절의 내 아이는, 지금, 이 순간뿐 이니까.

소소하지만 확실하게
행복해지는 법

많은 부모님들께 묻고 싶다. 아이가 어떤 사람으로 자라기를 바라는 지. 아마 많은 부모들이 내 아이의 행복을 가장 바랄 것이다. 행복한 사람으로 자라는 것. 그러면 어떻게 사는 것이 행복하게 사는 것일 까? 어떻게 키워줘야 행복한 사람이 될 수 있을까. 좋은 직업을 갖는 것? 돈을 많이 버는 것? 그러나 남들이 부러워하는 직업과 돈을 가 진 사람이라고 다 행복하지는 않은 듯하다. 진정 행복한 사람이란, 행복할 수 있는 환경 속에 놓여진 이가 아닌, 어느 환경에서도 행복 을 느낄 수 있는 사람이 아닐까.

고마움을 표현하기

학생들에게 행복을 느낄 수 있는 방법을 알려주고 싶었다. 그래서 학생들에게 늘 작은 것에도 감사할 수 있도록 가르쳤다. 매일 루틴처럼 감사하는 마음을 갖도록 습관을 들여놓으면 정서가 조금씩 긍정적으로 변화하는 것이 보인다. 긍정적인 사람은 남들에게도 자기 자신에게도 너그러워진다. 그러면 반 전체로 그 온기가 퍼질 수 있는 것이다. 물론 모든 아이들이 마음같이 따라오진 않는다. 한 번씩 뾰족한 학생들을 만날 때면 같은 상황에서도 더 비관적이고 불행하게 느끼는 그 어린 마음이 안타깝다.

매해 반에서 감사 일기 쓰기를 한다. "쓸 게 없어요. 감사할 게 하나도 없는데요" 하는 학생들이 꼭 있다. 그런 아이들에게는 예시를 들어주기도 하고, 친구들의 감사 발표를 듣고 따라서라도 써보게 한다. 처음에 삐죽대다가도 듣고 보니 지금 당장 숨 쉬고 있는 것도 감사할 일이고, 오늘 아침 비가 오지 않은 것도 감사할 일이며, 아침 등교를 도와준 튼튼한 두 다리에게도 감사하다. 감사할 것이 별로 없다며 쓰기를 어려워하던 아이들도 이렇게 일주일만 지나면 알아서 척척 쓴다. 감사한 눈으로 바라보면 세상은 감사할 것 천지다. 아이들은 처음에는 자신에게 감사했다가, 가족에게 감사했다가, 친구들에게도, 자연에게도 감사해한다.

집에서 아이와 감사 일기 쓰기 미션을 실천해보자. 쓰는 것이 귀찮다면 그냥 이야기로 나누어도 된다. 부모부터 적극적으로 실천하는 게 좋다. 나는 손으로 따로 쓸 시간을 내기가 영 귀찮아서, 블로그 같은 곳에 비공개로 매일 감사할 일을 한 줄이라도 쓴다. 그렇게 쓰다보면, 엉망이었던 것 같은 하루도 괜찮은 하루로 바뀐다. 원망스럽던 상대도, '그래도 이건 감사하지' 하는 좋은 면도 떠올릴 수 있게 된다. 그런 것들이 결국은 나에게로 와서 행복을 안겨준다.

엄마가 행복하면 가족도 행복하다. 꼭 각 잡고 앉아 감사 일기를 쓸 필요는 없다. 우리 집에서는 잠들기 전 돌아가면서 감사한 일을 말하는 시간을 갖는다. 아이들은 말할 거리를 떠올리는 것만으로도 함박웃음을 띈다. 나중에는 오늘의 감사한 일 말고, 서로에게 감사한 일도 건넸다. 그랬더니 더욱 좋아했다. 엄마, 아빠가 오늘 자신들에게 뭐가 감사했는지 말해주니 아이들에게 그 자체로도 행복감이 차오르는 듯했다. 예를 들면 이런 감사들이었다.

"오늘 우리 가족이 모두 건강한 모습으로 함께할 수 있어서 감사합니다."

"우리 가족이 걱정 없이 잠들 수 있는 집이 있어서 감사합니다."

"오늘 맛있는 부대찌개를 저녁으로 먹어서 감사합니다."

가족에게 감사 표현을 할 때는 이런 말을 했다.

"오늘 소은이가 엄마에게 요리가 맛있다고 해줘서 고마웠어."

"오늘 강률이가 엄마를 안아줘서 정말 고마웠어."

"여보, 당신이 오늘 설거지를 해줘서 고마웠어."

아이들과 오늘 당장 감사나누기 미션을 실행해보자. 무엇보다도 아이들이 이 시간을 정말 좋아한다. 엄마 아빠가 서로 감사함을 전하는 모습을 보면서 아이들은 행복해한다. 감사하기는 매일 똑같은 것만 말하면 지겨울 수 있으니, 여러 주제를 돌아가면서 말할 수 있다. 자연에게 감사하기, 신체에게 감사하기, 가족에게, 돈에게, 물건에게, 나 스스로에게, 노력한 점에게, 선생님께, 조부모님께, 친구에게, 나라에게, 교통수단에게.

우와의 날 만들기

"'우와!'라는 감탄사를 자주 말하면 행복도가 올라간대"라고 말해주었더니 아이들이 이런 제안을 했다.

"엄마, 그럼 우리 '우와 데이'를 만들어서, 그날 하루는 종일 '우와!'를 붙여서 말해주는 거 어때?"

듣자마자 너무 좋은 아이디어라며 그렇게 해보자고 말했다. 우리 집은 매 8일로 끝나는 날마다 우와 데이를 하기로 했는데(8일, 18일, 28일), 이 주기는 각 가정에 맞게 정하면 된다.

"우와! 오늘 정말 일찍 일어났네?"

"우와! 오늘 옷을 멋지게 잘 입었네?"

"우와! 우리 집 너무 좋다!"

"우와! 누나는 그림을 진짜 잘 그린다!"

이런 말들이다. 실제로 말 앞에, "우와!"를 붙여 크게 감탄해보자. 이 "우와"라는 말이 행복도를 올려준다. 우와 데이에는 하루 종일 얼굴에서 웃음이 떠나지 않는다.

우리 아이들은 자주 감탄을 한다. 산책하다 보도블록 틈새로 자라난 들꽃을 보면서도 말한다. "우와! 엄마, 여기 꽃이 예쁘게 피어 있어!" 작은 들꽃에도 감탄하는 아이들로 커서 참 다행이다. 이만하면 성공적인 육아라고 할 수 있지 않을까. 100점 받지 않아도, 서울대를 가지 않아도 괜찮다. 작은 것에 행복을 느낄 수 있는 사람으로 키우고 싶다는 내 소망은 이미 이루어졌다.

오늘부터 당장 아이들과 시작해보자. 감사하기 미션을 할 때는 자기 전에 서로를 품에 쏙 안고 오늘 무엇이 감사했는지 말하면, 하루의 마무리가 아주 행복할 것이다.

그렇게 매일매일 쌓인 행복이, 우리 아이들을 행복한 사람으로 만들 것이다. 불행한 사람들이 많은 시대다. 행복도 습관이다. 매일 찾다 보면 더 잘 보인다. 긍정적인 것을 자주 찾아 들여다보자. 불행이 들어올 틈이 없도록. 행복의 힘이 더 커져서 어둠을 덮어버릴 수 있도록 말이다.

아이가 미래의 자기 모습을
떠올리게 하는 법

아이들이 공부를 싫어하는 이유가 뭘까? 바로 힘이 들기만 하고 그에 따른 보상은 막연하기 때문이다. "○○아, 공부를 열심히 해야 나중에 좋은 직업을 가질 수 있고, 잘 살 수 있고…." 부모들은 보통 이런 말들을 아이에게 한다. 그러면 아이들이 "그렇구나! 20년 뒤에 잘 살기 위해서 지금 놀고 싶은 걸 참고 열심히 공부해야지!" 하고 기꺼이 인내할까? 그렇지 않다는 것을 우리 모두가 잘 알고 있다.

아직 초등학생인 아이들은 먼 미래를 준비하고 대비해야 한다는 것을 이해하기도 쉽지 않다. 인내심도 약하다. 그런 아이들에게 어른들의 말은 너무도 모호하다. 그렇다고 공부를 할때마다 보상을 주려니, 그렇게 하지 말라고들 한다. 보상이 없으면 공부할 동기가 사라져버리는 데다가, 그러한 외부적 보상은 점점 더 강해져야만 하기 때문이다.

어릴 때부터 공부에 보상을 주기 시작하면 고등학교 3학년이 될 때까지 이끌어가는 것이 쉽지 않을 것이다. 공부는 외면적 동기*가 아닌 내면적 동기**로 해야 한다. 스스로 마음에서 우러나와서 하고 싶어 해야 한다는 것이다. 그래야 힘들어도 참고 해나갈 수 있다.

교사 부부인 우리도 아이가 공부를 하면 주는 보상이 있기는 하다. 오늘 해야 할 양을 다 하고 나면 자유 시간을 가질 수 있다. 보상이라기보다는 일종의 규칙 또는 혜택이라 할 수도 있겠다. 이것을 꾸준히 적용하자 아이들은 할 일부터 하는 습관을 갖게 되었다. 물질적인 보상이 아닌 이런 식의 보상은 내면적 동기로 전환할 수 있기 때문에 괜찮다. 공부를 끝내고 얻은 자유 시간에 뿌듯함과 성취감을 느끼도록 해주는 것이다. "이제 네가 스스로 시간 관리를 잘하는구나!", "할 일을 먼저 마치고 나니 홀가분하게 자유 시간을 누릴 수 있지?" 하고 말이다.

단기적이고 물질적인 보상이나, 막연한 미래의 보상 말고, 아이

---

* 학습자가 과제나 활동을 수행하는 이유가 활동 자체의 흥미나 만족감이 아니라, 그 활동의 결과로 주어지는 외부의 보상이나 처벌, 사회적 압력 등 외적 요인에 기인하는 동기.

** 학습자가 과제나 활동을 수행하는 이유가 그 활동 자체에서 느끼는 흥미, 재미, 도전감, 성취감, 자기 성장감 등 내부적 만족감에 기인하는 동기.

들이 지금 당장 제 미래를 생각하고 내면적 동기를 가질 수 있게 하는 미션을 소개한다. '미래 역할극'이다. 실제로 이런 명칭이 있는 것은 아니고, 내가 만들어서 교실과 집에서 활용하는 놀이다. 여느 아이들이 좋아하는 역할 놀이, 소꿉놀이 같은 것이라고 가볍게 생각하면 된다.

어느 날, 아들 셋을 모두 서울대학교에 보낸 엄마가 방송에 나오는 모습을 보고 웃으면서 우리 집 아이들에게 이렇게 말했다.

"얘들아, 엄마도 너희가 다 서울대를 가서 뉴스에 나가봤으면 좋겠어!" 그리고 아이들과 역할극이 시작되었다.

나는 기자 역을 맡았다. "안녕하세요. 2033년 3월 뉴스입니다. 저는 지금 서울대 남매의 집에 인터뷰를 나왔는데요. 어떻게 두 남매가 모두 머리도 좋고 인물도 좋고 인성까지 좋을까요? 먼저 화제의 남매를 만나보겠습니다. 첫째 딸인 배소은 님, 어떻게 서울대학교를 가셨나요? 그 비법을 알려주세요."

딸은 대본도 없이 이렇게 말했다. "안녕하세요. 호호. 저는 별로 대단한 비법은 없었어요. 그냥 엄마가 하라는 대로 열심히 공부한 것 밖에 없어요. 저희 엄마가 저를 잘 키워주셔서 갈 수 있었던 것 같아요."

우리는 이런 대화를 주고 받았다. "서울대에 합격하셨을 때 기분이 어떠셨나요?"

"정말 기뻤죠. 부모님께 자랑스럽다는 말을 들었던 순간이 가장 기억에 남아요. 행복해서 눈물이 날 뻔 했어요."

"대단합니다! 그럼 이번에는 배강률 군을 만나보겠습니다. 안녕하세요. 서울대학교에 간 비법을 좀 알려주시죠."

아들은 정말로 인터뷰를 하듯이 대답했다. "저는 매일 열심히 공부를 하고, 책도 열심히 읽었습니다. 영어 공부도 열심히 했습니다. 저희 엄마가 선생님이셔서 저희를 올바르게 잘 키워주셨습니다."

"서울대학교 입학 소식에 누가 축하를 해주셨나요?"

"할머니, 할아버지, 외할머니, 외할아버지가 모두 기뻐서 소리지르셨어요. 고모와 이모들은 제가 갖고 싶어 했던 비싼 선물도 사주셨지요. 집안의 자랑이 되었습니다!"

"오호! 두 남매를 잘 키우신 부모님을 만나 뵈어야겠군요! 안녕하세요. 어머니. 두 남매를 모두 서울대학교에 보낸 비법을 알려주시죠!"

나는 기자 역할과 어머니 역할을 번갈아 했다. "어머 부끄럽습니다. 제가 한 건 그냥 아이들에게 열심히 하라고 알려주고, 칭찬해준 것 밖에 없습니다. 두 아이가 모두 스스로 열심히 했지요. 저는 정말 우리 아이들이 자랑스럽습니다. 전 세계에 자랑하고 싶어요!"

여기서 더 나아가, 서울대학교에 나란히 간 남매의 방을 구경해보고 싶다느니, 수능시험을 치고 나올 때의 생생한 현장이나 대단한 비법을 알려달라며 아이들이 진짜로 자신의 미래를 상상해볼 수 있도록 놀이를 하는 것이다. 역할극을 할 때는 꼭 대학에 합격했다는 설정이 아니어도 좋다. 암 치료제를 개발한 위대한 의학 교수, 성공한 사업가 같은 설정도 괜찮다. 아이가 현재 바라는 미래의 자기 모습이 확실하다면 무엇이든 대입할 수 있다. 지연 보상이 아니라, 지금, 여기서, 내가 이룬 나의 미래 모습을 만나게 해주는 것이다.

이 놀이를 그냥 가볍게 한 번씩 해주면 아이들은 이미 자신이 그것을 이룬 사람처럼 점점 더 구체적으로 인터뷰한다. 지금 자신이 하고 있는 숙제를, 미래에 자신을 성공으로 이끈 비법으로 말하기도 한다. 지금 귀찮지만 참으며 하는 공부에 대한 이유를 찾을 수 있다. "제가 초등학교 4학년 때 매일 영어 단어를 10개씩 외웠는데요. 그 덕에 성공할 수 있었습니다!" 하면서 말이다. (학급에서도 아이들은 실제로 이런 대답을 한다.)

이 인터뷰를 할 때 신나하고 뿌듯해하는 부모의 표정을 보며, 아이는 놀고 있지만 어떤 열망을 가지게 될 것이다. 아이의 성향에 따라 그 영향력의 정도가 조금씩 다를 수는 있겠지만 말이다.

교육학에서는 미래 자아에 대한 친밀감이 높을수록, 현재의 작은 보상을 포기하고 더 큰 보상을 기다릴 수 있다고 본다. 즉, "공부해서 성공한 나"라는 미래의 모습이 현재의 나와 심리적으로 연결된다면, 지금 당장의 귀찮음을 참고 공부하는 동기가 커진다는 것이다. 뇌과학적으로도, 미래의 나를 현재의 나와 같은 존재로 인식할

수록 미래에 대한 계획과 목표를 더 중요하게 여긴다고 한다. 그래서 즉각적인 만족을 지연시키는 자기 통제력이 높아진다.[*]

이 역할극은 막연했던 미래의 성공을 생생하고 구체적인 경험으로 바꿔준다. 그럼으로써 아이들은 현재의 노력이 가져다줄 미래의 보상을 훨씬 크게 느끼게 된다. 거기에 더해, 역할극 속에서 성공한 자신의 모습을 구체적으로 묘사하고, 부모님의 긍정적 피드백을 받으면서 '나는 이 목표를 달성할 수 있다'는 믿음 또한 갖게 된다. 이러한 긍정적 자기 효능감은 새로운 도전을 두려워하지 않고, 어려움에 부딪혔을 때 쉽게 포기하지 않는 강한 내적 동기로 작용될 것이다. 할 수 있다는 자신감이 해내는 결과로 이어진다.

때문에 아이와 함께하는 이 미래 인터뷰 역할극은 단순한 놀이를 넘어, 아이의 잠재력을 깨우고 장기적인 자기 주도성을 기르는 과학적인 방법이다. 아이들과 어떤 주제로 미래 역할극을 해보면 좋을지 고민된다면 아이의 꿈을 듣고 새로운 역할을 만들어보는 것도 좋다. 아이와 부모님의 미래를 응원한다. 이 역할극을 해보면 느낄 것이다. 다가올 미래를 감격적으로 기다리고 있는 우리의 모습이 얼마나 행복한지를.

[*] 허쉬필드, R. L., & 허쉬필드, H. E. (2021). 끝없는 자아: 인지된 자아–연속성이 자기 통제에 미치는 영향. Current Directions in Psychological Science.
다퀸, J. E., & 오키프, E. F. (2017). 시점 간 선택에서 에피소드적 미래 사고의 역할에 대한 새로운 고찰. Journal of Personality and Social Psychology.

아이가 정하는 우리 집 규칙

우리는 태어나면서부터 사회의 규칙을 배우고, 지키려 노력하면서 살아간다. 이러한 규칙들은 보통 외부에서 이미 정해져서 통보된다. 학교의 학생들뿐만 아니라, 집에서의 자녀들에게도, 회사에서의 직장인들에게도, 사회에서의 성인들에게도 마찬가지다. 그런데 이 규칙을 직접 만든다면 어떨까? 이미 만들어진 규칙이 아닌 내가 필요에 의해 만든 규칙이라면 어떨까. 규칙을 정할 때 구성원들이 직접, 지금 우리에게 필요한 것들로 규칙을 정한다면 훨씬 더 잘 지켜질 확률이 높다.

미국의 심리학자 로런스 콜버그Lawrence Kohlberg의 도덕성 발달 이

론에 따르면 규칙을 단순히 따르는 단계를 넘어, 규칙의 정당성과 사회적 계약의 중요성을 이해하는 단계로 나아가기 위해서는 아이가 규칙 제정 과정에 참여하는 경험이 필수적이라고 한다. 회의를 통해 아이들은 규칙이 왜 필요한지, 그리고 모두에게 공정한 규칙을 만들기 위해 어떻게 의견을 조율해야 하는지 직접 경험할 수 있다.

반에서 아이들에게 '올해의 교실 생활 규칙'을 함께 정해보자고 하면 모두 적극적으로 참여한다. 성인보다도 더욱 자유롭고 활발하게 자신의 의견을 피력한다. 요즘 아이들에게는 강제적으로 '우리 반 규칙은 이거니까 지켜!' 하면 통하지 않는다. 가정에서부터 권위적이 아닌, 친구 같은 평등한 부모 자식 관계로 지내는 집이 많으니 자연스러운 흐름이다. 강압적인 방식에 거부감을 갖는 아이들에게는 자율적으로 규칙을 지킬 수 있게 하는 부드러운 리드가 필요하다.

그래서 요즘은 학급 회의 등을 통해 민주적으로 규칙을 정하고, 학생들이 자치적으로 지켜가도록 안내하는 교사들이 많다. 나 또한 그런 교사 중의 한 명이다. 아이들과 반에서 함께 지내며, 학생들끼리 정한 규칙을 훨씬 잘 지키는 것을 경험했다. 다년간 그렇게 학급을 운영해왔다. 혹여 규칙을 안 지키는 학생이 있으면, "우리가 정한 규칙 기억하지?" 하고 규칙이 적힌 종이를 손으로 가리킨다. 그러면 구구절절 잔소리하지 않아도 아이는 바로 수긍한다.

예를 들어 '교실에서 뛰지 않기'라는 규칙은, 다수의 친구들이 교실 내에서 뛰어다니는 친구를 불편하게 느꼈기 때문에 정해진 것이다. 그러한 의견을 학급 회의 시간에 함께 충분히 교류했기 때문에 교사가 굳이 덧붙여 설명할 필요가 없다.

가정에서도 마찬가지이다. 물론 아이가 어릴 때는 "이런 것은 하면 안 되는 거야. 위험한 거야" 하고 부모가 계속해서 안내해주어야 하지만, 자기주장이 발달하고 의견 교환이 가능해지는 나이가 되면 가족회의를 통해 함께 규칙을 정하는 것이 큰 도움이 된다. 가정 내에서 의견을 명확히 표현하는 연습도 되고, 자신의 의견이 규칙이 되는 과정을 보면서 자신감을 얻을 수 있다. 더 나아가 민주적인 의사 결정의 과정을 가정에서부터 미리 경험해볼 수 있다. 이것은 아이가 입학하여 작은 사회의 일원으로 지낼 때 크게 도움이 된다. 초등학생만 되어도 충분히 가능하다.

단, 가정에서 하다보면, 아이의 의견만을 일방적으로 받아주거나 거부하는 식으로 대화가 흘러갈 수 있으니, 그런 방식은 지양해야 한다. 부모가 원하는 방향으로 아이가 규칙을 설정할 수 있도록 설득이나 충분한 대화가 필요할 때도 있다. 하루 종일 게임하고 싶다는 아이의 의견을 그대로 받아줄 수는 없으니 말이다.

의외로 아이들은 부모가 "하루 종일 게임하는 것은 좀 걱정이 되네. 너에게 도움 되는 범위로 다시 한 번 정해볼까?"라고 말하면 이미 답을 알고 있는 듯 적절한 선을 잘 제시한다. 만약 터무니없이

"하루에 5시간 할래!" 고집해서 조정이 어렵다면 "일단 그렇게 해보고 다시 이야기 나누자"고 해도 좋다. 실제로 우리 집에서 그랬다. 일주일 동안 5시간씩 게임을 해 본 아이들은, 그 후 스스로 하루에 1시간 이내가 좋을 것 같다고 규칙을 조정했다.

그렇다면 가족회의는 어떻게 해야 하는지 알아보자. 우리 집에서 미디어 제한을 위해 실제로 나누었던 대화를 예로 들어본다. 사회자는 엄마나 아빠, 또는 아이들이 돌아가면서 맡아 해봐도 좋다.

방법	예시 대화
1. 지난 일주일간 서로에게 감사했던 점을 돌아가며 말합니다.	"강률아, 빨래 개는 것을 도와줘서 정말 고마웠어." "누나, 나에게 나눠주려고 간식 남겨 와서 고마웠어." "여보, 우리 가족을 위해서 매일 가장 일찍 일어나 출근하는 당신에게 고마워요." "아빠, 퇴근할 때 아이스크림 사 와줘서 고마워요."
2. 지난번 가족회의 때 만든 규칙을 잘 지켰는지, 보완할 점은 없는지 돌아봅니다.	"지난주에 게임을 하루에 1시간 이내로 하기로 정했는데 잘 지켜졌는지 확인해보자. 잘 지켜졌다고 생각하는 사람 손!" "혹시 이 규칙에 대해 보완할 점이 있을까?"
3. 가장 시급히 해결해야 할 문제점을 하나 뽑아 봅니다. ● 용돈 액수, 게임 시간, 티비 시청, 언어 습관 등 가장 반복하게 되는 잔소리가 있다면 그것으로 하면 좋겠지요? 만약 2의 과정에서 지난번 규칙을 더 보완하는 것이 시급하다면 그것으로 회의해도 됩니다.	"지난 일주일을 돌아보며 어떤 문제에 대해 회의하면 좋을지 돌아가며 이야기해보자." ➡ "티비 보는 시간 때문에 자꾸 부딪히게 되니까 그것에 대해 규칙을 다시 정해보면 좋을 것 같아." ➡ "나는 용돈 금액에 대해서 다시 얘기해보고 싶어." ➡ "그러면 어떤 문제가 가장 시급하고, 빨리 해결해야 하는 문제인지 하나만 정해보자. 티비 규칙이 더 시급하다고 생각하는 사람?, 용돈 금액이 더 시급한 문제라고 생각하는 사람?"

4. 해결 방안을 돌아가면서 말해봅니다.	"평일에 티비 보는 시간이 자꾸 늘어나서 실랑이하게 되고, 잠도 늦게 자려고 하니까 생활 습관에도 문제가 생기는 것 같아. 게다가 조절력도 약해지는 것 같고. 이런 문제점을 어떻게 해결하면 좋을지 돌아가면서 하나씩 의견을 내보자."
	➡ "저는 티비를 하루에 2시간씩 보게 하면 좋을 것 같아요" "평일에는 어차피 찔끔 보다가 꺼야 하니까 주말에 몰아서 하루 종일 보게 해주면 좋을 것 같아요" "엄마는 할 일을 다 한 날만, 하루에 1시간씩 봤으면 좋겠는데." "그냥 티비를 없애는 건 어때?"
5. 가장 적합한 방안을 선별합니다. 선별 기준은 다음과 같습니다. ● 문제와 관련이 있는 것 (문제는 떼쓰는 행동인데, 해결책은 '떼쓸 때마다 용돈을 깎기'라면 관련 없는 해결책을 내놓은 것입니다.) ● 상처 되지 않는 것 (이 해결책이 당사자에게 비난으로 느껴지거나, 상처가 된다면 좋은 해결책이 아닙니다.) ● 도움이 되는 것 (문제 행동을 수정하거나 예방하는 것에 도움이 되어야 합니다. 게임 시간을 조절하지 못하는 아이에게 도움이 되는 방식은 타이머를 맞추는 것 등 조절력을 길러주는 방안이어야지, 벌을 주는 규칙은 도움이 안 되겠지요.)	"그러면 우리 의견 중에 어떤 것이 가장 적합한지 골라보자. 스스로 조절할 수 있으면서도 너희의 건강에 도움이 되는 방식이어야 해." ① 하루에 2시간씩 보기 　– 문제와 관련 있는가? YES 　– 상처 되지 않는가? YES 　– 문제 예방에 도움이 되는가? △ ② 주말에 몰아서 하루 종일 보기 　– 문제와 관련 있는가? YES 　– 상처 되지 않는가? YES 　– 문제 예방에 도움이 되는가? NO ③ 할 일을 다 한 날만, 하루에 1시간씩 보기 　– 문제와 관련 있는가? YES 　– 상처 되지 않는가? YES 　– 문제 예방에 도움이 되는가? YES ④ 티비를 없애기 　– 문제와 관련 있는가? YES 　– 상처 되지 않는가? NO 　– 문제 예방에 도움이 되는가? NO

* PDC 학급 회의법을 참고하여 가정에서 적용해볼 수 있게 했습니다.
* 정해진 규칙은 스케치북에 써서 붙여두면, 지난 기록을 확인할 수 있어 좋습니다.

　우리 집에서는 이렇게 회의를 한 후, 실행해보고, 수정도 몇 차례 거쳐 결국 '할 일 다 하고 주말에 2시간씩 티비 보기'라는 규칙을 최종적으로 만들었다. 이 규칙은 꽤 오랜 기간 동안 잘 지켜지고 있다. 언제든 수정하거나 다시 회의할 수 있지만, 아이들과 우리 부부 모두 만족하는 방안이라 계속해서 이렇게 지내고 있다. 그 뒤 티비 규칙으로 잔소리하거나 싸울 일이 없다는 것이 큰 장점이다. 우리 아이들을 믿고, 규칙을 스스로 만들고 지켜나가는 경험을 갖도록 함께하자.

아이 스스로 선택하고 결정할 기회

자녀를 잘 키웠다는 이야기를 듣는 부모들이 공통적으로 하는 말이 있다. 믿어주기다. 참 간단하면서도 어려운 말이다. 내 아이에게 부모가 너를 믿고 있음을 표현하고, 느끼게 해주는 방법으로 묵언수행이라는 미션을 추천한다.

잔소리를 하지 않으면 아이가 제멋대로 구는 거 아닌가 싶겠지만, 의외로 반대다. 교실에서도 교사가 계속해서 말할 때 보다 말을 줄였을 때 아이들이 더 알아서 하는 경우가 많다. 어느 날 목감기가 걸려서 목소리가 도저히 안나오는 날이 있었는데, 칠판에 몇몇 규칙을 써놓고 별다른 말을 하지 않자, 아이들은 알아서 서로 조심시키고 규칙을 지켜나갔다.

묵언수행 미션은 자녀와의 관계를 좋아지게 할 뿐만 아니라, 잔소리를 덜 할수록 스스로 알아서 하는 힘을 길러줄 수 있다. 나도 처음에는 그런 부모가 되고 싶었다. 잔소리하지 않고 부드럽게 칭찬하고 응원해주는. 그러나 연년생 아이 둘을 키우다보니 어느 순간 그게 가능한 일인가, 하고 자주 생각했다. 그래도 다른 집에 비해서는 잔소리를 덜 한다고 생각했는데, 아이들은 잔소리쟁이 엄마라고 했다. 아이들 귀에 그저 잔소리로 들리는 이야기들이 얼마나 효과가 있을까.

한 논문에 따르면 아이가 스스로 선택하고 결정할 기회를 가질 때 내적 동기가 강화된다고 한다.* 부모가 계속 지시하고 통제하면 아이는 외부의 강요로만 행동하게 되고, 오히려 반발심이 생기거나 무기력해질 수 있다. 때문에 묵언수행 육아는 아이가 스스로 문제를 해결하도록 기다려주며 자율성과 책임감을 키울 수 있는 방법이다.

부모가 잔소리로 행동을 통제할 때보다 자율적으로 시도하고 실패를 경험한 아이의 자기조절력이 커진다는 연구 결과도 있다.** 예를 들어, 숙제를 제때 안 해서 혼난 경험보다, 안 했을 때 결과를 직

* Deci, E. L., & Ryan, R. M. (2000). 목표 추구의 "무엇"과 "왜": 인간의 욕구와 행동의 자기 결정.
** Meuwissen, A. S., Carlson, S. M., & Zelazo, P. D. (2019). 부모의 자율성 지지가 유아기 아동의 자기조절에 미치는 단기적 효과.

접 겪게 두는 편이 더 학습 효과가 크다. <u>묵언수행은 "조용한 방치"</u> <u>가 아니라, 결과를 경험하게 해주는 학습의 장이다.</u> 부모가 바로 개 <u>입하지 않고 기다려줄 때, 아이는 스스로 방법을 찾고 시행착오를 겪</u> <u>으며 배울 수 있다.</u>

육아서를 읽던 어느 날, 화내지 않고, 잔소리하지 않는 부드러운 엄마가 되겠다는 다짐을 하게 되었다. '나도 잔소리하지 않고, 알아서 잘 크겠거니 믿고, 침묵하며 키워보겠어'라고. 그리고 정말로 묵언 수행하듯 잔소리를 멈췄다. 잔소리거리가 넘쳐나는 모든 눈앞에 보이는 광경들을 못 본 체 눈감고 흘려보냈다. 아이들은 처음에는 아무 생각 없이 신나게 하루를 지내다가 뭔가 이상함을 점차 깨닫기 시작했다. 며칠은 편했다. 잔소리할 필요도 없고, 멋대로 하도록 내버려두고 나도 게을리 있을 수 있었으니까. 제대로 키워보겠다는 혼자만의 사명 아래, 때 되면 책 읽어주고, 정리법을 알려주고, 생활 규칙을 계속 알려주고, 보드게임 해주고, 함께 놀아주고, 할 일 목록 체크하고, 영어로 말 걸어주고 하던 모든 것들을 내려놓을 수 있었으니까. 이상함을 느끼는 아이들을 불러다 이야기를 해주었다.

"엄마는 잔소리하지 않고, 믿고 응원하기를 선택했어. 너희가 스스로 잘할 거라고 믿고 엄마는 이제부터 그냥 둘 거야. 학습지를 하라고도 안 할 거고 계획표 대로 지내라고 하지도 않을 거야. 치우라고 잔소리하지도 않을게. 알아서 자유롭게 지내."

이 말에 대한 아이들의 반응은 상반되었다. "이제 안 치워도 되네!"라고 반응한 첫째와 달리, 둘째는 "엄마 그러지 마" 하며 불안해했다. 아이들에게 설명까지 마쳤으니, 나는 정말로 묵언수행 하듯 잔소리를 줄였다. 집은 점점 엉망이 되어가고 아이들은 방임되어갔다. 참고 또 참다가 열흘 뒤쯤, 집에 누군가가 오기로 해서 결국 집은 치웠다. "애들아, 엄마가 치울 필요 없다고 하긴 했는데, 손님이 오시니까 오늘은 좀 치워야겠구나" 하고 말하니 아이들도 수긍했다.

나의 진정한 묵언수행은 2주 정도밖에 버티지 못했다. (한번 실천해보면 내가 얼마나 오래 버틴 것인지 알게 되는 부모님이 있을 거라고 조심스럽게 생각해본다.) 그래도 이 경험은 나 자신을 육아 스트레스에서 벗어나게 해주었고, 잔소리도 많이 줄이는 계기가 됐다.

묵언수행 미션은 부모도 스트레스에서 자유로워질 수 있는 방법이며, 아이와의 관계도 좋아지는 방법이다. 잔소리는 묵언하되, 잔소리도 하지 않았는데 스스로 알아서 했다면 듬뿍 칭찬해주자. 아무 소리 않고 내버려두면 아이들도 언젠가 "이건 좀 심하게 어질러진 것 같은데? 내가 보기에도 좀 불편하네. 조금 치워야겠다" 하고 치우는 때가 온다. 그때 아주 눈을 동그랗게 뜨고 물개 박수를 치는 것이다.

"어머! 스스로 치운 거야? 대단한 어린이인데? 세상에, 엄마가 아무 말도 안 했는데 집을 치우는 어린이가 있다니! 상 받아야겠어! 훌륭한 어린이상! 짝짝짝."

　사춘기가 시작된 우리 딸과 고학년 친구들을 만나면서 더 확신이 든다. 아이가 클수록 최대한 말을 아끼는 것이 좋구나 하고. 곧 다가올 아이들의 사춘기 시기에 당황하지 않도록, 연습을 한다 생각하고 이 미션을 한번 실행해보자.

　사춘기 아이들에게 잔소리는 독이다. 그러나 잔소리하던 사람은 그 굴레를 끊기가 힘들다. 그래서 자녀와의 관계가 급속히 나빠지는 집들도 많다. 초등학교 6학년만 되어도 아이를 대하기가 쉽지 않다고 고민을 털어 놓는 부모님들이 많다. 그 전에 묵언수행 미션을 통해, 아이가 스스로 올바른 길을 선택하고 행동할 수 있도록 함께 연습하기를 권한다.

　단, 위험한 행동을 제지하거나 대화가 필요할 때는 당연히 말해야 한다. 우리가 말하는 묵언수행에는 '잔소리'만 포함된다는 것을 기억하자. 말하지 않아도 아이가 이미 알고 있는 것, 또는 지난번에 이미 했던 이야기라면 꾹 참고 말을 삼키자. 모든 가정의 화목을 응원한다.

AI 시대를 생각하는 학부모님들께 드리는 정보

교실의 변화와
문밖의 부모

AI 시대다. 세상이 얼마나 빠르게 바뀌는지, 앞으로의 변화를 상상하기도 어렵다. 80년대생인 나에게 세상은 새로운 변화들로 계속 채워진다. 아날로그와 컴퓨터와 스마트폰을 지나 AI까지 흘러왔다.

컴퓨터가 등장했을 때 사람들은 세상이 천지개벽한 것처럼 난리였다. 전 세계를 잇는 인터넷 문화에 사람들이 중독되어간다며 책과 펜을 놓지 말아야 한다고, 아날로그를 고수해야 한다고 주장하는 사람들도 많았다. 스마트폰이 등장하자 또 한 번 세상이 들썩였다. 사람들이 손안의 작은 기계에 코를 박고 서로를 바라보지 않는다며 부정적인 여론이 휩쓸었다. 과거의 아이들이 PC 게임에 중독되었듯,

요즘 아이들은 스마트폰의 게임과 영상들에 중독되어간다. TV를 "바보 상자"라고 부르며 핏대 높였던 과거처럼, 이번엔 스마트폰이 뇌세포를 파괴한다며 핏대 높이고 있다. 교실에서 아이들을 바라보는 내 시선에는 그 말이 모두 맞다. 중독은 늘 경계해야 하고, 과도한 사용도 지양해야 한다. 그러나 이제 우리는 더 이상 손에서 스마트폰을 놓을 수 없으며, 아날로그로 돌아갈 수도 없다.

세상이 변하는 동안 학교 역시 변했다. 내가 초등학생이던 시절(90년대)에 담임선생님의 교탁에는 컴퓨터가 없었다. 초록색 칠판과 하얀 분필, 그리고 교과서로 종일 수업을 이어갔다. 중학교에 가자(1998년~2000년) 교실에 컴퓨터와 TV가 있었다. 선생님 스타일에 따라 구식과 신식의 수업 방식이 혼재되어 있었는데, 젊은 도덕 선생님은 프레젠테이션 파일을 사용해서 수업했다. 사진 자료 한 장 없이 글만 빽빽이 쓰여 있었지만 신문물이었다. 고등학생이 되자 모든 반에는 당연하게 컴퓨터와 대형 TV가 있었고 영상 자료를 보여주는 선생님도 있었다. 교실의 기기는 다양해졌지만 대부분 일제식, 강의식, 일방 전달식 수업이었다.

그리고 나의 신규 교사 시절까지 학교의 기기가 크게 달라진 것은 없었다. 다만 교사 주도 수업이 아닌, 학생 주도 수업이 이루어져야 한다는 흐름으로 바뀌어갔다. 2015 개정 교육 과정에서는 디지털 시대에 맞추어 소프트웨어 교육이 필수 교육 과정으로 추가되었다.

지금의 아이들은 교실에서 코딩도 배우고 있는데, 이미 2019년부터 실시되었다.

모든 학교에 컴퓨터실이 생기고 학생용 컴퓨터가 보급되던 시기가 지나고, 요즘은 각 교실에서 태블릿이나 크롬북으로 수업을 한다. 몇 해 상간에 급속도로 공교육 환경도 변하고 있는 것이다. 이제는 일반 과목 수업에서도 탭과 AI 도구를 매우 보편적으로 이용하고 있다. 요즘의 아이들에게는 이것이 전혀 이질적이지 않고 익숙하다.

최근에는 교사들에게 AI 수업 연수가 필수가 되면서. AI 도구를 활용한 체험형, 협력형 수업이 점점 더 많이 이뤄지고 있다.

학교에서 아이들에게 태블릿을 주고 AI를 활용하는 흐름에 우려하는 마음을 같은 부모로서 나도 알고 있다. 나 또한 공부는 책과 연필로 하는 것인데 하는 회의적인 생각을 갖고 있었다. 그러나 시대 흐름이 그렇다.

OECD가 공개한 2030년 학습 나침판OECD Learning Compass 2030은 OECD가 미래 교육의 방향성을 제시하기 위해 발표한 프레임 워크다. 이 학습 나침판은 급변하는 미래 사회에 학생들이 성공적으로 적응하고 발전할 수 있으려면 어떤 역량들이 필요한지를 제시한다.

그중 변혁적 역량Transformative Competencies(새로운 가치를 창출하는 능력)을 발휘하는 데 필수적인 요소로 '디지털 소양'을 매우 중요하게 다루고 있다. 이제는 디지털 소양 없이는 '잘' 살아갈 수 없다는

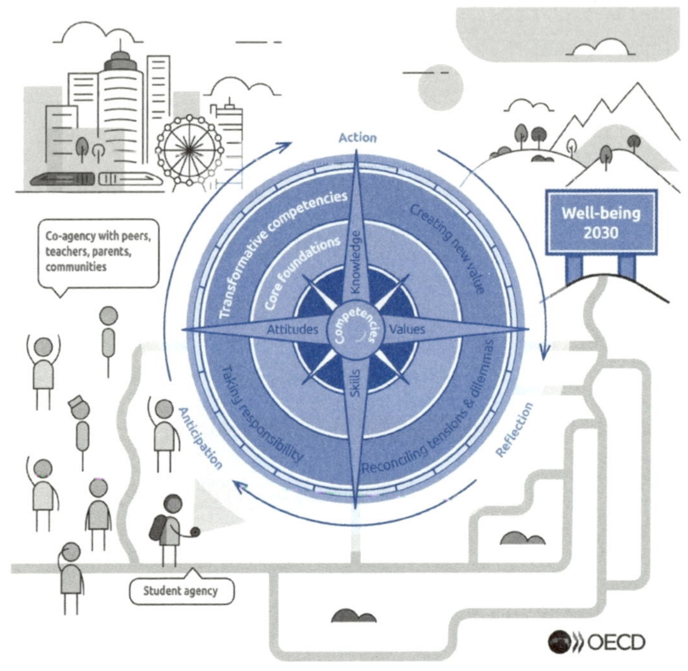

것이다. 우리가 지금 다가가고 있는 사회는 디지털화된 지식 사회다. 이런 사회에서는 단순히 디지털 도구를 다루는 기술적 능력뿐만 아니라, 디지털 환경을 이해하고, 비판적으로 사고하며, 윤리적으로 행동하고, 창의적으로 활용하는 종합적인 디지털 소양이 필수 불가결한 역량이 됐다.

그래서 2022 개정 교육 과정에는 디지털 소양이 새롭게 강조되어 들어왔다. 2022 개정 교육 과정에서 제시하는 기초 소양은 3가지 이다. 언어 소양, 수리 소양, 그리고 디지털 소양이다. 이 세 가지 소양을 여러 교과를 학습하는 데 기반이 되는 기초 소양으로 꼽았다. 디지털 소양이 이렇게나 중요하게 강조되고 있는 것이다.

부모 세대인 우리가 어릴 때 다니던 학교와 지금 아이들이 다니는 학교의 모습은 이토록 많이 다르다. 책과 펜으로 선생님의 강의식 수업을 듣던 우리의 모습과, 태블릿과 크롬북을 펼쳐놓고 AI 도구를 사용하는 아이들이 이끌어갈 세상 또한 많이 다를 것이다.

이 책을 읽으며 내 아이의 미래를 잘 준비해보고자 하는 부모님들을 위해, 지금 교실에서 AI가 어떤 모습으로 스며들어 있는지 소개하겠다.

화상 수업과
온라인 플랫폼

2020년, 학교가 멈췄다. 교육 역사상 전례 없는 대규모 조치였다. 개학을 준비하고 있는데, 코로나19로 인한 팬데믹이 점점 심각해지더니 3월 개학까지 연기됐다. 개학은 세 차례에 걸쳐, 총 5주간 연기되었다. 한 달이나 개학이 미뤄졌기 때문에 부모 입장으로서도 교사로서도 적잖이 불안했다.

집에서 아이들을 가정 보육하며 불안에 떨고 있던 어느 날 놀라운 소식이 들렸다. 온라인으로 개학을 하라는 것이다. 한국 교육 역사상 최초의 사건이었다.

교사들은 발 빠르게 연수를 받았다. 화상 수업을 할 수 있는 줌

Zoom이라는 프로그램 사용법을 배우고, e학습터, 밴드, 하이클래스 등 다양한 온라인 플랫폼을 활용하기 시작했다. 아직 생소한 새로운 문명 앞에 아이들은 혼란스러워 보였다. 수업에 집중하기보다 화면에 등장한 친구들의 얼굴을 보고, 보드에다가 낙서를 했으며, 이모티콘을 눌러댔다.

컴퓨터 앞에 앉아 있는 시간이 길어지자 집중도는 현저히 낮아졌다. 개학은 온라인으로 했지만 교사들은 빈 교실로 출근했다. 간혹 집에서 돌봄이 힘든 아이들은 교실로 등교했지만, 대부분의 가정은 자녀를 안전한 집에 두고 보살폈다.

온라인 수업이 길어지고, 백신이 투여되고, 치사율이 낮아지자 다시 학교를 열라는 소리가 높아져갔다. 수업에 집중하지 못하는 자녀의 모습을 보면서, 집에서 종일 자녀를 돌봐야 하는 기간이 길어지면서 부모들은 지쳐갔다. 수도권에 사는 친구는 계속해서 온라인 수업을 한다고 볼멘소리를 했지만, 내가 있는 대구는 비교적 빠르게 등교와 수업이 시작됐다. 모든 책상에 칸막이를 설치하고, 방역 물품을 빠짐없이 준비하여 긴장된 상태로 아이들을 맞았다.

처음에는 3부제로 나누어 등교하다가, 2부제로 변했다가, 곧 전체 등교 수업이 시작됐다. 대면 수업으로 학생들을 다시 만난 교사들은 큰일 났다고들 했다. 온라인으로 수업했던 대부분의 내용을 많은 아이들이 제대로 이해하지 못하고 있었다. 이미 5월이었으나, 3월 수업 진도부터 다시 수업해나갔다.

　　그 당시 나는 초등학교 2학년 담임이었다. 아이들의 모습이 참 마음 아팠다. 아이들은 종일 마스크를 쓰고, 친구와 한마디도 나누지 못했다. 책상은 친구와 최대한 멀찍이 떨어져 있으며, 투명 칸막이로 둘러싸여 있었다. 본인 책상 앞에만 가만히 앉아 있다가 집으로 돌아가는 어린아이들의 모습이 안타까웠다. 우리 집 아이들도 똑같이 저런 모습으로 수업받고 돌아오겠지, 생각하니 더 마음이 쓰였다. 그 후로도 오랜 기간 방역 지침에 따라, 계속해서 친구 가까이 가지 못하도록 안내해야 했다. 급식이 시작되자 급식실은 긴장감이 감돌았다. 내 평생 그렇게 조용히 밥 먹는 모습을 그전으로도 그 후로도 본 적이 없다. 모두 살기 위해 모두가 조심했다. 그 활기찬 아이들을 이렇게 조심스럽게 만들기 위해 각 가정에서도 얼마나 당부 또 당부했을까. 아이들이 다시 마음껏 웃고 어울릴 수 있는 날이 오기를 바라며, 그 시간을 묵묵히 견뎌낸 아이들과 어른들 모두에게 마음 깊이 박수를 보낸다.

학교 수업에 스며든
AI 도구

팬데믹 시기를 지나며 학교에는 원격 수업이 필요할 때 바로 대응할 수 있는 인프라가 만들어졌다. 코로나 시절, 저소득층 및 교육 복지가 필요한 학생에게 대여해주기 위해 디지털 기기를 확충하기 시작한 것이, 이제는 전 학급까지 보급되었다. 디지털 도구를 활용하는 수업 방법에 관한 교사 연수도 이어졌다. 거부감을 갖고 있던 나도, 한 번 써보니까 의외로 장점이 많다는 것을 알게 되었다.

그렇게 하나둘 확장하여 수업에 활용해나가기 시작했다. 처음에는 단순히 함께 퀴즈를 푸는 프로그램이나, 의견을 공유하는 디지털 보드판 정도만을 활용하였는데 꽤 반응이 좋았다. 지루한 수업도 실

학교에서 자주 활용되는 디지털 도구

1) 실시간 퀴즈(띵커벨, 카훗 등)
: 실시간으로 퀴즈를 풀며 복습할 수 있다.

2) 공유 보드(패들렛, 띵커벨 등)
: 과거에 포스트잇에 써서 칠판에 붙이던 형식을 온라인상에서 할 수 있다.
각 학생이 써서 올린 게시물을 한곳에 모아서 볼 수 있다.

3) 디자인 앱(캔바, 미리캔버스 등)
: 학생이 직접 편집하여, 학습 결과물을 손쉽고 멋지게 만들어낼 수 있다.

4) 동영상 편집 어플(캡컷, 블로 등)
: 동영상을 만들 때 학생들이 자주 사용한다.

5) 구글 슬라이드
: 발표 보고서를 만들 때 함께 작업할 수 있는 툴.
고학년이 발표 자료를 만들고 공유할 때 사용한다.

6) 구글 설문지
: 설문지를 이용하여 문제를 만들어서 학생에게 제시하거나,
방 탈출 퀴즈 게임의 형태로 수업해나간다.

시간 퀴즈로 복습하겠다고 예고하면 퀴즈 게임에서 이기기 위해 집중했다. 이 실시간 퀴즈는 학생들이 탭을 하나씩 들고 교사가 안내하는 사이트로 접속하여 모두가 동시에 퀴즈를 풀어나가는 도구다. 흥미진진한 음악이 깔리며, 한 문제를 풀어나갈 때마다 실시간으로 누적 점수가 공개된다. 매 퀴즈 끝에 순위가 발표되는데, 이 순위가 엎치락뒤치락하며 바뀌는 것에 신나서 열심히 문제를 푼다. 공부에

영 홍미가 없던 아이들도, 이 홍미진진함과 성취감에 집중도와 참여도가 높아졌다. 지루한 수업 시간이 즐거운 수업으로 바뀐 것이다.

다른 반 선생님이 아이들의 반응을 듣고, "대체 그게 뭐예요? 나도 좀 알려줘요" 물어왔다. 교사들은 학생들에게 도움이 되는 방식이라면 적극적으로 교류하고 활용해나간다. 그리하여 학교의 수업 모습도 빠르게 바뀌어나가고 있다.

이러한 디지털 도구들에서 더 나아가, AI 기술을 활용한 수업도 늘어나고 있다. 다음은 요즘 수업에서 쓰이는 AI 도구들이다. 단, 초등학생에게는 나이 제한으로 인해 사용하지 못하는 도구들이 몇 있다.

- 챗 지피티, 구글 제미나이, 클로드 등의 생성형 AI : AI에게 수업에 관한 내용을 질문하고 정보를 얻어서, 조사하거나 창작하는 데 쓰인다. 일부 앱은 초등학생에게는 나이 제한으로 사용하지 못한다. 교사들이 개발한 툴 안에서 사용할 수 있도록 제공하기도 한다.
- 투닝 : 아이들의 아이디어로 웹툰 같은 만화 컷을 만들어준다.
- 캔바 : AI 기능을 사용하여 결과물을 만들 수 있다.
- 수노 : 가사를 주면 노래를 만들어준다. 나이 제한이 있어서 초등학교의 경우, 아이들에게 가사를 받아서 교사가 만들어 들려준다.

- 크롬 뮤직 랩 : 음악 수업에서 사용 가능한 작곡 체험 어플. 자유롭게 악기나 가락, 리듬을 바꾸어 연주해볼 수 있어서 음악에 대한 흥미를 높여준다.

- AI 학습 애플리케이션들(펭톡, 똑똑 수학 탐험대, AI 수학 등) : 수업 내용을 복습하는 용도로 쓰인다. 학습자 수준에 맞게 문제를 제공해 주기 때문에 맞춤형 학습에 도움이 된다.

2022 개정 교육 과정에서는 학생들이 디지털 기술을 단순히 활용하는 수준을 넘어, 이를 통해 새로운 가치를 창출하고, 사회적 문제를 해결하며, 공동체와 소통할 수 있는 능력을 기르도록 방향을 제시하고 있다. 이를 실현하기 위해 전 교과에서 디지털 소양을 기르도록 내용을 통합·강화했다. 예를 들어, 국어과에서는 정보 탐색과 디지털 의사소통 능력, 사회과에서는 디지털 시민성, 수학과에서는 데이터 분석과 알고리즘적 사고, 과학과에서는 인공지능의 이해와 활용 등이다.

이제 디지털 소양 교육은 정보 교과에서만의 과제가 아니라, 모든 교과가 함께 길러야 하는 미래 역량 교육의 핵심 축이 됐다. 따라서 학교에서의 이러한 수업 변화는 계속해서 이어질 흐름이다.

AI 교과서가
가져올 변화

2024년 교육부 장관이 돌연 AI 디지털 교과서를 모든 학교에 의무 도입하겠다고 발표하면서 교육계에는 논란이 일었다. 어느 날 갑자기 이 발표를 접한 일선 교사로서도 혼란스러운 일이 아닐 수 없었다. 그래도 학생들에게 도움이 된다면 받아들일 의향이 있었던 교사들은, 막상 열어보니 아직 미비한 콘텐츠에 실망하고야 말았다. 막대한 예산이 소진되는 데 비해, 기대에 못 미치는 수준이었기 때문이다. 가정에서 구독료를 내고 이용하는 스마트 학습기기에 비해서도 한참 모자랐다. 결국 사람들은 도대체 누구의 배를 불려주기 위해 이 정책이 추진되느냐고 왈가왈부하기 시작했다.

나 또한 처음에는 '도대체 왜? 굳이?' 하는 의문점이 있었다. 그러나 관련 교사 연수에 참여한 후 일정 부분 의문이 해소되었다. AI 역량이 얼마나 중요한지를 깨달은 후, 내가 이것을 너무 늦게 알게 되었다는 것에 머리가 띵했다. 학교에서 만나는 학생뿐만 아니라 집에 있는 내 자녀에게도 꼭 필요하다는 생각에 마음이 조급해졌다. 다만 그 방식이 꼭 AIDT(AI 디지털 교과서) 의무 도입이어야 하는가에 대한 질문은 여전히 남아 있다. 2026년은 AIDT 의무 도입이 미뤄지고 교육 자료로서의 지위만을 얻었지만, 언제 본격적으로 AIDT가 사용될지 모른다. 우리나라보다 훨씬 발 빠르게 AI를 학교에 적극 도입하여 앞서나가고 있는 나라가 많기 때문이다. 미국, 영국, 독일 등 우리가 알고 있는 선진국들은 이미 국가적으로 AI 교육 정책을 다년간 펼쳐나가고 있다. 우리도 뒤처질 수 없는 상황이다.

그렇다면 AI 디지털 교과서란 정확히 무엇일까? AI 디지털 교과서는 기존의 종이 교과서와 달리, 인공지능AI과 디지털 기술을 결합한 새로운 형태의 교과서다. 단순한 전자책 형태가 아닌, 학생 개인의 학습 수준과 속도, 흥미에 맞춰 학습을 맞춤형으로 지원하는 것이 핵심 특징이다. AIDT가 도입되면, 아이들은 종이 교과서 대신 태블릿이나 크롬북을 주로 사용하여 수업하게 될 것이다. AIDT 사이트에 접속하여 그 콘텐츠를 이용하게 되는 것이다.

또한 종이에다가 문제를 푸는 대신, 전자펜으로 태블릿 화면에 문제를 풀게 될 것이며, 자동으로 채점된다. AIDT의 가장 큰 장점으로 내세우는 부분이 바로 개인 이 맞춤형 학습이 된다는 것인데, 학생이 문제를 틀리면 AI가 그 이유를 분석해 난이도를 조정하거나, 관련된 설명 영상이나 보충 자료를 제시한다. 즉, 학생 한 명 한 명의 수준과 학습 속도에 맞춰 학습을 도와주는 교과서인 것이다. 그에 더해, 개별 학생의 학습 데이터를 모두 저장하여 교사 또는 부모에게 정보를 제공할 수도 있다.

AIDT가 도입되면, 개별 맞춤 학습에 관한 부분은 이 디지털 교과서가 담당하고, 교사는 전체적인 학생 관리와 AI 데이터를 해석하여 수업 설계를 해나가는 수업 디자이너이자 관리자의 역할을 담당하게 될 것이라고 예측되었다.

그러나 현재 교실에서 AIDT를 사용하여 수업을 하더라도, 전통적인 교사의 역할이 크게 달라지지는 않고 있다. 학생들에게는 여전히 교사의 직접적인 피드백이 훨씬 효과적이며, AI가 대체할 수 없는 교사의 역할이 너무도 많기 때문이다. 예를 들어, AIDT는 학생의 형성평가 결과를 통해 난이도를 조정하고 맞춤식 수업을 제시하지만, 학생이 집중하여 푼 것인지 졸면서 풀지는 않았는지에 관한 부분까지는 알지 못한다.

초등학교에서 현재 AIDT는 수학과 영어 과목에서 활용되고 있다. 진도에 맞게 설명 영상도 제공된다. 그러나 학생들에게 개별로 설명 영상을 본 뒤, 문제를 풀라고 하는 식은 학습에 그리 도움이 되는 방식이 아니기 때문에 아주 부분적으로만 사용된다. 아직까지는 수업 시간에 생각할 수 있는 탐구 문제를 주고, 친구들과 함께 의견을 나누며, 교사와 직접 문답하고 이해도를 확인하며 배워나가는 방식이 훨씬 더 도움이 된다고 느껴진다. AI가 계속해서 발전한다면 언젠가는 학생들의 개별 보조 교사의 역할을 제대로 할 수 있게 될지도 모르겠다.

학교 외에서도, 이미 AI 도구는 일상생활과 업무 영역에 빠르게 확산되고 있다. 나 역시 인터넷 검색창보다 챗지피티에게 물어보는 빈도가 높아지고 있다. 업무를 할 때도 AI를 어떻게 활용할지 궁리한다. 기업 입장에서도 효율을 높이는 데 이만한 대체제가 없다. AI가 방대한 데이터를 목표에 맞게 처리하니 말이다. IT 기업인 IBM에서는 8,000개의 일자리를 AI로 대체할 계획이라고 밝혔으며, 언어 학습 플랫폼인 듀오링고에서는 퀴즈와 학습 자료를 만드는 직원 100여 명을 이미 AI 시스템으로 대체했다고 한다. 심지어 아랍에미리트 정부는 2026년부터 AI를 각 국가 기관 이사회에 자문 위원으로 편입시키기로 했다. 앞으로 정부에서 의사 결정을 할 때 AI에게 자문을 받으라는 것이다. 앞으로 이런 일은 더 비일비재해질 것이다. 2035년이 되면 AI로 인해 직업 시장이 재편될 것이라는 전망이 우세하다. 전 세계적으로 수백만 개의 일자리가 대체된다고 한다.

남아 있는 일자리들조차 AI와 협업하는 형태로 변화하고 있다. 이제는 AI를 활용하여 생산성을 높이고 더 창의적인 것을 만들어낼 수 있는 능력이 경쟁력이 된다. 이런 시대의 아이들에게는 AI를 무조건 의지하거나 믿지 않도록, 비판적 사고력과 윤리적 활용 능력을 필수로 길러주어야 한다. 아직 이러한 판단이 미비한 상태에서는 AI를 무작정 이용하는 것이 오히려 독이 될 수 있다. 유명한 AI 도구들 중에 나이 제한이 있는 이유도 이 때문이다. 학교에서는 이미 정보화 사회에 접어들면서부터, 학생들에게 디지털 윤리 교육이 필수적으로 제공되어왔다. 그러한 연장선상에서 AI와 관련해서도 이러한 교육은 계속해서 이뤄질 것이다.

몇 년 전 심각한 범죄로 대두되었던 딥페이크 범죄는 윤리적 판단 없이 AI 도구를 악용한 결과다. 이후 긴급하게 딥페이크와 관련한 교육이 각 학교에 도입됐다. 이렇게 학교는 발 빠르게 아이들에게 적절한 교육을 제공하고 있으니, 가정에서도 이런 것들과 관련해서 함께 이야기 나누며 보호해줘야 한다. 아이들은 부모들보다 앞선 시대를 살고 있다.

AI 시대의 필수 역량과
유망 직업

인공지능 시대에 자녀 교육은 어떻게 해나가야 할까? 이미 교육계에서는 미래 세대를 위해 어떤 교육이 제공되어야 할까에 대한 논의가 계속되어왔다. 급변하는 시대를 맞이하는 미래 인재를 길러내기 위해 2022 개정 교육 과정 또한 변화되었다. 2022 개정 교육 과정의 가장 큰 비전은 '포용성과 창의성을 갖춘 주도적인 사람'을 길러낸다는 데 있다. 각계 전문가들이 논의하여 국가 교육 과정을 만들기 때문에 부모들에게도 시사하는 점이 크다. 개정 교육 과정의 중점은 크게 다음의 4가지로 제시되었다.

미래 사회, 디지털, AI라는 단어가 보일 것이다. 이뿐만 아니라

교육 과정 총론 전체 문서를 보아도 '디지털'과 '미래'라는 단어가 아주 많이 반복되어 들어가 있다. 이러한 미래를 대비하기 위한, 개정 교육 과정에서 추구하는 인간상을 알아보자.

*자기 주도적인 사람	*창의적인 사람
*교양 있는 사람	*더불어 사는 사람

그리고 이를 위해 우리 교육이 지향해야 할 가치와 방향으로 제시된 6가지 핵심 역량이 있다.

*자기 관리 역량	*지식 정보 처리 역량
*창의적 사고	*심미적 감성
*협력적 소통	*공동체 역량

용어들이 어려워 보이기도 하고, 집에서 어떻게 길러주어야 할지 고민스러울 수 있다. 그러나 모든 것은 선택과 집중이라 하지 않던가. 일단 한 가지부터 정확히 짚고 넘어가자. 앞으로 시대가 어떤 모습으로 급변하든, 자녀 교육에서 가장 중요한 것은, 아니 인간에게 가장 중요한 것은 단연 자존감이다. 자존감 높게 큰 아이는 어떤 혼란한 미래가 닥쳐와도 스스로에 대한 믿음으로 헤쳐나갈 힘이 있다. 사회가 원하는 미래 인재로, 위의 역량들을 힘껏 끌어내어 잘 적응할 것이다. 우리는 이전과 마찬가지로 내 아이가 꿋꿋이 잘 나아갈 것을 믿고 응원해주면 된다. 이 책의 큰 골자가 아이의 자존감인 이유도 바로 이것이다.

세계경제포럼의 미래 직업 보고서를 우선 살펴보자. 우리 아이들의 미래를 위해서는 어떤 것들이 준비되어야 할지 고민해보는 시간이 될 것이다.

[미래 유망 직업 TOP 10]*

1. AI 및 머신러닝 전문가: 모든 산업의 핵심이 될 AI 기술을 직접 개발하고 관리하는 직업
2. 데이터 과학자 및 분석가: 방대한 데이터를 분석해 가치 있는

---

* 세계경제포럼WEF의 '일자리의 미래 보고서The Future of Jobs Report'

정보를 제공하는 역할

3. 지속 가능성 전문가: 친환경 에너지, 탄소 중립 관련 전문가 수요 급증

4. 정보 보안 전문가: 모든 것이 디지털로 연결되면서 개인과 기업의 정보를 보호하는 사이버 보안의 중요성이 높아짐

5. 로봇 공학자: 산업, 의료, 일상생활 등 모든 영역에서 로봇의 활용이 늘면서 로봇을 설계하고 만드는 전문가가 필요해 짐

6. 핀테크 엔지니어: AI, 블록체인 등의 기술과 결합하여 새로운 금융 서비스를 만드는 전문가

7. 헬스 케어 전문가 및 상담사: AI와 협력하는 의료 전문가나 심리 상담사

8. 콘텐츠 제작자: 인간 고유의 독창적인 아이디어로 새로운 이야기, 디자인, 예술을 만드는 창작자

9. 재생 에너지 엔지니어: 친환경 에너지를 다루는 기술 전문가

10. UI/UX 디자이너User Interface/Experience Designers: 사용자가 AI와 로봇 등 새로운 기술을 더 쉽고 편리하게 사용할 수 있도록 만드는 경험을 설계하는 전문가

AI 기술을 주도적으로 활용하거나, AI가 대체하기 어려운 인간 고유의 창의성과 감성, 사회적 상호작용이 중요한 직업이 유망하다.

[사라질 가능성이 높은 직업]

1. 데이터 입력 및 사무 행정직: 문서 분류, 데이터 입력 등은 AI가 훨씬 빠르고 정확하게 처리함

2. 텔레마케터 및 콜센터 상담원: 단순 문의 응대는 AI 챗봇과 음성봇이 대체하게 됨

3. 계산원(캐셔): 무인 결제 시스템과 자동화된 매장의 보편화

4. 은행 창구 직원: 모바일 뱅킹이 활성화되고, 단순 입출금 업무는 자동화 기기가 처리함

5. 공장 생산·조립 라인 근로자: 자동화 로봇이 단순 반복 작업을 대신하게 됨

6. 번역가(단순 번역): AI 번역 기술의 발전으로 일상적인 문서 번역은 대부분 기계가 수행하게 됨

즉, 단순하고 반복적인 규칙에 기반한 업무는 AI와 자동화 기술로 대체될 가능성이 매우 높다. 세계경제포럼WEF은 2025년 미래 일자리 보고서에서 전체 고용의 약 8%에 해당하는 약 9,200만 개의 일자리가 2030년에 완전히 사라질 것이라고 예측했다. 맥킨지 글로벌 연구소는 AI와 자동화의 영향으로 향후 5년 내에 미국과 유럽에서 최대 1,200만 명의 근로자가 일자리를 잃을 것이라고 발표했다.* 단 5년 만에 얼마나 많은 것이 바뀔지 생각하면 무섭기도 하다. 향

후 5년 만에 이런 직업 대격변이 일어난다면, 앞으로 그 변화는 점점 더 빨라질 것이다.

이제는 단순한 지시에 따라 반복하는 일을 하는 사람들은 점점 기술에 대체될 것이다. 대신에 AI를 도구로 활용하여 더 창의적이고 생산적인 일을 해낼 수 있는 사람들에 대한 수요가 급증할 것이다.

그렇다면 AI에게 대체되지 않는 필요한 인재, 미래 인재에게 필요한 필수적인 핵심역량은 무엇일까. 경제협력개발기구OECD의 교육 2030 프로젝트에서는 미래 인재가 갖춰야 할 핵심 역량으로 "기존 지식을 활용하여 새로운 가치를 만들어내는 창의력과 복합적인 문제를 해결하는 능력이 필수적"이라고 강조한다. 미래에는 정해진 지식을 암기하는 능력보다, 그것을 활용하여 새로운 상황에 대처하고 AI와 협력하는 능력이 중요해진다는 것이다. 그래서 2022 개정 교육 과정에서 '학습의 전이', 즉 교과 시간에 배운 지식을 실제 삶 속에서 활용하고 다른 영역의 지식과 유기적으로 연결하는 능력을 중요하게 강조한다.

이를 위해서는 집에서도 아이가 학교에서 배운 내용이나 새롭게 얻은 지식에 대해 복기할 기회를 주고, 그것을 실생활에서 어떻게 활용할 수 있을까에 대하여 대화를 많이 나누면 좋다.

---

* 〈Forbes〉(2025, April 16). 사라질 직업 21가지

공부는 앉아서 하는 것이라고만 생각할 수 있지만, 유대인의 밥상머리 교육을 보라. 가정 교육뿐만 아니라 학교에서 배운 교과 지식 또한 밥상머리에서 풍부해질 수 있다.

요즘 우리 집 아이들은 학교에서 배운 내용을 집에 와서 가족들에게 풀어놓기 바쁘다. 누나는 동생에게 배운 것을 신나게 설명하고, 동생은 그것을 흥미롭게 들어주며 호응한다. 한번 그것에 대한 재미를 알게 되자 계속해서 아이들은 새로 알게 된 지식에 대한 이야기를 풀어놓기 시작했다. 지식을 나누고 각자의 견해를 더해 토론하고 실제 내 삶에 적용해볼 기회를 주고, 세상에 관한 공부로 확장시켜나가면 그보다 더 좋은 학습의 전이는 없을 것이다.

실제로 학교에서 6학년과 환경 관련 프로젝트 수업을 했을 때, 아이들은 스스로 탐구할 질문을 떠올리고, 그에 따라 환경 문제를 직접 조사하고, 토론하고, 캠페인을 하고, 영상을 만들고, 가정에서 실천하는 일련의 과정을 거치면서 학교에서 배운 것이 자신의 삶에 어떤 영향을 끼치고, 어떻게 실제 삶에 적용하는지를 배웠다. 수업이 끝나고도 한동안 에너지를 아껴야한다며 교실의 불을 끄고 환경에 대한 이야기를 신나게 나누는 아이들을 보며 이것이 진정한 학습의 전이 과정이라고 느꼈다.

지금의 직업들이 대거 사라질 것이라고 걱정만 할 필요는 없다. 세계경제포럼은, 2030년까지 92만 개 일자리가 사라지지만, 170만

개의 새로운 역할이 창출되어 78만 개의 일자리가 순증가할 것으로 예측했다. 그 목록을 보면 대부분 AI와 관련된 새로운 직업이다. 가장 좋은 교육 중 하나인독서로도 접하기 힘든 하나의 역량이 AI 리터러시(AI 활용 능력)인데, 그것은 지금 학교로 발 빠르게 도입되어 수업 시간에 충분히 활용되고 있다. 핵심은 AI와 경쟁하는 것이 아니라 AI를 도구로 활용하여 인간만이 할 수 있는 일에 집중할 수 있는 능력을 기르는 것이다. 미래 사회에서 우리 아이들이 행복하게 살아갈 수 있도록 부디 응원해주자.

AI보다 부모가
더 나은 존재인 이유

AI는 무궁무진한 지식과 정보를 제공한다. 하지만 그 방대한 지식 속에서 무엇이 옳은지, 무엇을 선택해야 하는지는 여전히 인간의 몫이다. 얼마 전까지만 해도 조사 학습 수업을 할 때 학생들이 정확하지 않은 정보를 찾아 복사해서 오는 것이 문제가 되었다. 전문성이 검증되지 않은 사람들이 아무렇게나 답변을 올린 네이버 지식인 같은 곳에서 찾아오는 것이다. 그래서 산재되어 있는 정보들 속에서 정확한 사실을 추려낼 수 있는 교육을 해주어야 했다. 때문에 비판적 사고, 정보 식별 능력, 정보 평가 능력을 교육하는 미디어 리터러시 교육이 실시되었다. 이러한 문제가 반복되자 교과서에도, 조사 시 근

거 자료와 출처를 기재하도록 하는 표가 삽입되었다. 믿을 만한 출처에서 정보를 수집하라는 것이다.

더 나아가 이제는 인공지능과 대화를 할 때에도 분별 능력이 필요하다. 챗지피티와 대화를 하다보면 그럴듯해 보이는 거짓말을 종종 한다. 모르는 것은 모른다고 하면 되는데, 어떻게든 꾸며서 답을 하기 때문이다. 가장 유명해진 거짓 답으로 '세종대왕이 맥북 던진 사건' 이야기가 있다. '세종대왕이 맥북을 던진 일에 대해 설명해줘'라고 질문했더니 실제 있었던 일처럼 일화를 길게 답해준 것이다. (이 것이 하도 유명해져서 그런지 지금은 챗지피티에서 똑같이 물어보면, 실제사건이 아니라고 답한다.) 그래서 챗지피티를 사용할 때는 나 또한 어느 정도 지식을 가지고 있는 상태에서 질문해야 한다.

바로 이러한 지점에서 부모의 역할이 필요하다. 부모는 나침반이다. 앞으로 아이들은 수많은 길을 AI의 안내에 따라 걸을지도 모른다. 그때에 올바른 방향이 무엇인지를 알고 선택할 수 있는 힘은 부모에게 배운 가치관과 삶의 태도에서 나온다. <u>AI는 부모보다 똑똑할 수 있지만, 가정의 기능을 대체할 수는 없다.</u>

AI는 똑똑하지만 따뜻하지 않다. 요즘 이용해 보면 인공지능이 상담 역할도 하며 위로도 잘 해준다. AI와 상담하다가 눈물이 날 것 같은 적도 있었다. 그러나 그것은 학습된 기계적 공감이다. 사람과 사람 간에서 나눌 수 있는 진짜 정서 교류와는 다르다. 부모는 아이가 안길 수 있는 포근한 안식처이다. 따뜻한 눈빛으로 아이를 어루만져줄 수도 있다. 아이가 실수하고 흔들릴 때, 안아주고 기다려주는 존재는 결국 부모, 가정이다. 이런 가정 속에서의 보살핌과 사랑 속에 아이들은 자존감을 갖고 성장한다.

다만 부모보다 AI에게 물어보는 게 훨씬 똑똑하고 간편한 시대에 부모는 더 이상 일방적인 '가르침의 주체'가 아니라, 함께 배우고 탐구하는 동반자가 되는 것이 더 맞을 것이다. AI보다 가르칠 것이 없다고 걱정할 것이 아니라, 아이와 함께 새로운 기술을 경험하며, 함께 놀라워하는 과정을 겪으면 된다. 그 과정에서 아이와 토론하고, 질문하며 좋은 길잡이가 되어주자. 이런 과정들을 통해 아이는 혼자서도 판단력 있게 AI를 똑똑히 활용할 수 있는 역량을 쌓아갈 것이다.

앞서 AI 시대에 아이들이 길러야 할 필수 역량에 대해 소개했다. 이 역량들을 하나씩 따로 키워주려고 심각하게 고민할 필요는 없다. 현재 아이들이 학교에서 배우고 수업하는 내용들이 모두 이런 것을 키워주는 학습이다. 공부 자존감이 높아져서 열심히 공부하는 아이들은 자연스레 이 역량들을 습득하고 있다. 부모들의 역할은 학교에 가서 수업에 열심히 참여할 수 있는 아이로 길러주는 것, 공부를 열심히 하는 자세와 태도를 길러주는 것이다. 이것만 되면 육아는 성공이다.

그리고 곰곰이 한번 생각해보자. 학교 수업 외에도, 창의력, 문제 해결 능력, 지식 처리 능력, 협력, 소통, 이 모든 것을 한 번에 키워줄 수 있는 것은 무엇일까? 가장 가까우면서도 쉬운 방법. 바로 독서이다. 다양한 경험과 체험으로도 키울 수 있는 역량이지만, 매번 많은 품을 들이기는 힘들다. 독서는 간편하고도 손쉽게 수많은 간접 경험을 할 수 있게 해준다. 독서를 많이 하는 아이들은 창의력이 좋다. 문제 해결 능력 또한 책 속에서 만나는 다양한 문제들과 그것을 해결해나가는 과정을 함께 겪으면서 길러진다. 지식 처리 능력은 말할 것도 없고, 협력과 소통과 같은 사회정서 부분 또한 독서로 충분히 길러줄 수 있다.

독서를 많이 하는 아이들은 공감력이 높고, 따뜻한 정서가 있다. 그러니 아이들에게 독서의 즐거움을 느끼게 해주고, 주말이면 자주 가족과 함께하는 시간을 갖게 해주자. 그리고 함께 자주 웃는 것이다.

AI는 아이의 머리를 채워줄 수 있지만, 부모는 아이의 가슴을 채워준다. AI가 새로운 길을 열 때, 부모는 방향을 알려주는 나침반이 된다. 우리 부모들은 아이의 삶을 대신 살아 줄 수는 없지만, 옆에서 함께 걸어주고 공감해줄 수는 있다. 그것이 바로 AI 시대, 부모가 지녀야 할 가장 큰 힘이다.

학부모님들께

아이들은 잘하고 싶습니다

초등교사가 된 지 벌써 17년이 되었습니다. 그 기간을 돌아보면 참 많은 아이들이 스쳐갑니다. 많은 아이들을 만난 만큼, 많은 일들이 있었습니다. 신규 교사 때 품었던, 아이들과 행복한 수업을 하겠노라는 처음의 들뜬 가슴은 종종 절망으로 바뀌기도 했습니다. 이직이 잦은 시대에, 한 직업을 이렇게 오래 붙들고 있다는 것은 축복일 수도 있으나, 종종 버겁기도 했습니다. 온전히 그 삶을 이해하지 못하는 아이들을, 1년간 책임지고 이끌고 가야 한다는 것은 예상보다도 매우 무거운 일이었습니다. 매해 처음 보는 아이들을 만나, 매해 새로운 미션을 받아내는 일이었습니다. 늘 예상치 못한 일이 벌어졌습니다. 그래도 그 덕에 자녀 교육에 힌트를 많이 얻었습니다. 좌충우돌하던 신규 교사가 노련한 중견 교사가 될 때까지, 그리고 동동거리던 초보 엄마가 어느덧 사춘기 자녀의 엄마가 될 때까지, 많은 시도와 반성을 반복하며 흘러온 것 같습니다.

사회인이 된 이래로 아이들과 함께하는 직업에 쭉 몸담다보니 아이들의 세상이 보입니다. 이제는 아이 하나하나가 기특하고, 안쓰럽고, 대견하기도 가엾기도 합니다. 아이의 모습 너머 이 아이의 삶이 보이는 것입니다. 아이들의 삶은 어른들이 만들어 주는 것입니다. 사는 집, 동네, 가정 형편 이런 것을 말하는 게 아닙니다. 아이를 믿고 지지해주는 보호자가 있는가가 아이의 삶을 가엾게도 행복하게도 만들어줍니다. 애정 어린 눈빛, 따스한 말 한마디로도 아이의 세상은 바뀝니다.

모든 아이들은 잘하고 싶어합니다. 수업 시간에 어느 아이는 열심히 하고 어느 아이는 꾀를 부리기도 하지만 모두 진짜 속마음은 '나도 잘하고 싶어'입니다. 수업에 집중하지 않고 과제도 제대로 하지 않는 아이들도 실은 잘하고 싶습니다. 어느 순간 노력해도 잘할 수 없다는 생각이 들어 회피하게 된 것일 뿐입니다. 못하는 아이들도 잘한다잘한다 칭찬해주고 격려해주면 신이 나서 한 번 더 도전합니다. 우리는 아이의 삶을 이렇게 가꾸어주어야 합니다. 그리 힘들지 않습니다. 말 한마디만 잘 던져주면 됩니다. 그것을 알려주기 위해 이 책을 썼습니다.

자신이 잘할 수 있는 아이라고 믿게 되면, 공부도 잘할 수 있는 아이로 성장합니다. 많은 부모님이 관심 있어 하는 공부 자존감에 관하여 썼지만, 실은 아이의 성적이 크게 중요하다고 생각하지는 않습니다. 아이들이 낮은 성적으로 인해 자존감이 떨어질까 봐 걱정이 되는 것이지, 성적이야 내 마음같이 안 된다는 것을 압니다. 저도 남편도 공부를 꽤나 열심히 했던 사람이지만, 그냥 평범하게 삽니다. 주변에 서울대를 나온 친구들도 평범하게 살고 있습니다. 공부를 잘했다고 부자가 되거나 삐까뻔쩍한 삶이 보장되는 것은 아닙니다. 다만 저는 후회 없이 공부했고, 결과를 봤기 때문에 이렇게 생각할 수 있는 것일지도 모릅니다.

저는 내 아이가 늘 100점을 받길 바라지 않습니다. 평범한 사람이 되건, 대단한 사람이 되건, 부족한 사람이 되건, 그저 행복하길 바랍니다. 그러기 위해서 자존감이 필요합니다. 그러니까, <u>공부는 학창 시절의 자존감을 지키는 방법이자 삶의 태도를 연습하는 도구로서 해나가야 하는 것입니다.</u>

학업 성적과 관계없이, 아이의 자존감과 정서적 뿌리는 바로 부모의 사랑과 인정입니다. 우리 아이에게 아낌없이 사랑을 표현하고 인정해주세요. 자존감이 높은 아이는 주변도 돌아볼 줄 압니다. 이렇게 타인에 관대한, 자존감 높은 아이들이 많은 반은 다툼이 적고 행복합니다. 친구 간에 서로 격려하고 칭찬하는 예쁜 말이 오가, 교사인 저조차도 얼굴에 미소를 띠게 만듭니다. 이러한 온기는 점점 주위를 물들여 학교를 벗어나 사회로도 퍼져나갈 수 있습니다. 행복한 사람이 가득한 사회, 우리 자녀가 살아갈 사회가 이렇다면 얼마나 안심이 되겠습니까.

아이를 통해 새로운 세상을 배워볼까요

아이와 주말에 마라탕집에 다녀왔습니다. 두 남매가 계속해서 마라탕 마라탕 노래를 불렀는데, 왠지 모를 거부감에 같이 가주지 않았습니다. 그런데 이번에는 마침 마라탕집 앞을 지나가게 되어 할 수 없이 들어갔습니다. 어떻게 먹어야 하는지 몰라서 어리둥절해하고 있는데, 친구와 마라탕집에 가보았던 딸이 주도적으로 커다란 그릇에 음식들을 담는 것입니다. 그러면서 설명을 해주는데, 기분이 참 이상하더군요. 다 컸구나 싶다가도, 이제 내가 아이보다 모르는 게 있다고? 하는 두 가지의 묘한 감정이 오갔습니다. 곧이어 로봇 서빙 기계가 음식을 담아 우리에게 다가왔습니다. 언젠가 처음 저 로봇을 보았을 때 "우와!" 하던 때가 지나고, 이제는 자연스러운 일이 되었습니다. 한 해 한 해 지나면 얼마나 새로운 세상이 펼쳐지게 될까요.

앞으로 우리 아이들이 살아갈 세상은 우리가 만나보지 못한 새로운 세상이 될 것입니다. 그에 더해 아이들은 우리가 평생 배워온 것보다 더 많은 것을 빠르게 배워나갈 것입니다. 우리가 경험하지 못한 세상과 미래에 대해 아이들에게 뭐라고 말해줄 수 있을까요. 우리가 안내하는 삶의 길이 미래 사회에 적용되는 답이긴 할까요?

최근에 AI 교육 혁신 선도 교사 연수를 받았습니다. 교사로서도 부모로서도 정말 충격적이었습니다. 제 생각보다 정말 세상이 빠르게 변하고 있더군요. 단, 10년만 지나도 지금은 없는 기술과 지식들이 세상을 뒤덮을 것입니다. 미래 인재가 될 우리 아이들에게 진짜로 심어 주어야 할 것이 무엇인지 진지하게 고민해야 될 때입니다.

여하튼, 아이 덕에 저는 마라탕집이 이런 시스템이구나를 배웠습니다. 이제는 받아들일 때가 되었습니다. 새로운 것을 받아들이는 데에 전혀 거부감이 없는 자녀들의 모습과, 구세대가 되어가고 있는 나를 말입니다. 그러나 우리 부모들도 여전히 큰 역할을 맡고 있습니다. 아이가 좋아하는 마라탕을 함께 맛보며 끄덕여주는 것. 아이의 신난 설명에 박수치며 들어주는 것. 그렇게 함께 있는 시간들을 쌓아가는 것 말입니다.

이 책이 세상에 나올 수 있도록 믿고 맡겨주신 출판사와 편집자님, 감사합니다. 나에게 늘 큰 인사이트를 주는 남편 그리고 배소은, 배강률. 늘 사랑하고 고맙습니다. 저의 첫 우주였던 김용봉, 문명숙 부모님, 감사합니다. 깊이 존경합니다.

모든 가정에 행복과 평안이 깃들길 바랍니다.

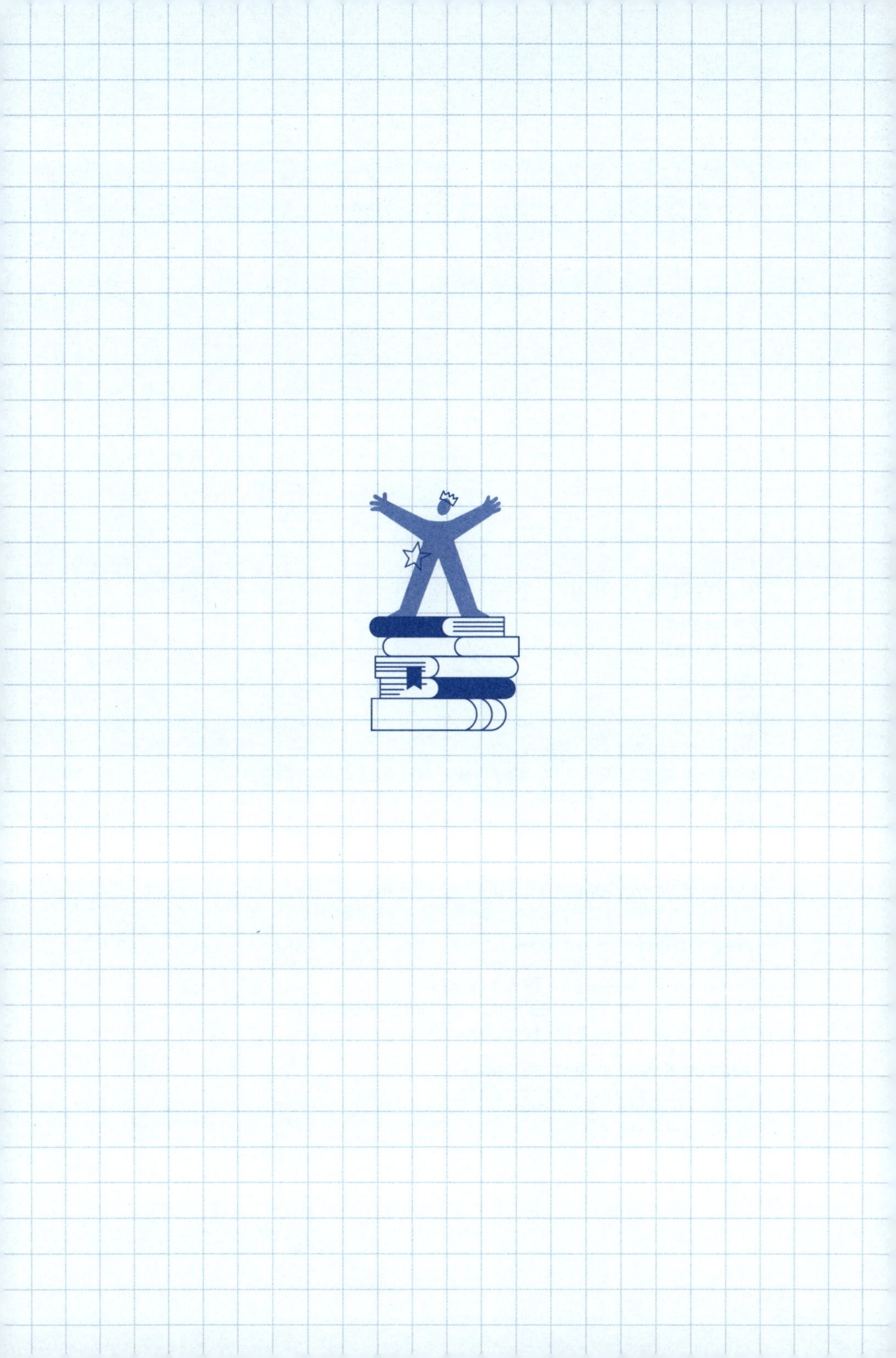

자존감이 높은 아이가 공부도 잘합니다

초판 1쇄 인쇄일 2026년 2월 6일
초판 1쇄 발행일 2026년 2월 23일

지은이 김아영

발행인 조윤성

편집 구민준 **디자인** 김효정 **마케팅** 김진규
발행처 ㈜SIGONGSA **주소** 서울시 성동구 광나루로 172 린하우스 4층(우편번호 04791)
대표전화 02-3486-6877 **팩스(주문)** 02-598-4245
홈페이지 www.sigongsa.com / www.sigongjunior.com

글 ⓒ 김아영, 2026

이 책의 출판권은 ㈜SIGONGSA에 있습니다. 저작권법에 의해
한국 내에서 보호받는 저작물이므로 무단 전재와 무단 복제를 금합니다.

ISBN 979-11-7125-905-2 (03370)

*SIGONGSA는 시공간을 넘는 무한한 콘텐츠 세상을 만듭니다.
*SIGONGSA는 더 나은 내일을 함께 만들 여러분의 소중한 의견을 기다립니다.
*잘못 만들어진 책은 구입하신 곳에서 바꾸어드립니다.

WEPUB 원스톱 출판 투고 플랫폼 '위펍' __wepub.kr
위펍은 다양한 콘텐츠 발굴과 확장의 기회를 높여주는
SIGONGSA의 출판IP 투고·매칭 플랫폼입니다.